MARIAN SZYROCKI

MARTIN OPITZ

Zweite, überarbeitete Auflage

VERLAG C. H. BECK MÜNCHEN

Die erste Auflage des Buches erschien 1956
unter dem gleichen Titel als Band 4 der Reihe
‚Neue Beiträge zur Literaturwissenschaft'
im Verlag Rütten & Loening, Berlin.

ISBN 3 406 05134 0

Umschlagentwurf: Walter Kraus, München

Gesamtherstellung: Passavia Passau
Printed in Germany

Edition Beck

INHALT

AUS DEM VORWORT ZUR ERSTEN AUFLAGE

Im 17. Jahrhundert erfreute sich der Schlesier Martin Opitz des höchsten Dichterruhmes im deutschen Kaiserreich. Sein Schaffen wurde von seinen Zeitgenossen in Dutzenden von Lobgedichten gepriesen und von vielen nachgeahmt. Von seiner Popularität zeugen auch die zahlreichen Ausgaben seiner Werke. Es ist daher verständlich, daß Leben und Werk des Schlesiers das Interesse vieler Literarhistoriker wachgerufen hatte und auch heute noch wachruft. Die Frucht dieses Interesses ist eine ansehnliche Zahl von Abhandlungen und Aufsätzen, die sich mit Opitz und seinem Schaffen befassen. Trotzdem kann der gegenwärtige den Dichter betreffende Forschungsstand nicht als zufriedenstellend angesehen werden. Zwar gibt es eine Reihe wertvoller Beiträge, die entweder einzelnen Werken Opitzens oder bestimmten Phasen seiner Tätigkeit gewidmet sind, aber es fehlt immer noch eine wissenschaftliche Monographie.

Dieser Umstand brachte es mit sich, daß selbst wertvolle Spezialforschungen mit Fehlern behaftet sind, die ihren Ursprung in einer zu engen Betrachtungsweise des bearbeiteten Gegenstandes haben. Noch schlimmer aber steht es um jene Abhandlungen und Aufsätze, die ohne gründliche Kenntnis der Quellen und sogar der entsprechenden Literatur geschrieben wurden. Alte Fehler wiederholend und neue hinzufügend, trugen diese Abhandlungen dazu bei, daß das Bild des Dichters verdunkelt wurde und daß manche Errungenschaften anderer Forscher übersehen oder einfach vergessen wurden.

Das Geheimnisvolle und Rätselhafte im Leben Opitzens war durch seine politische Tätigkeit bedingt, und erst einige Jahrhunderte nach seinem Tode konnten interessante Archivalien, die ein neues Licht auf die politische und diplomatische Laufbahn des schlesischen Dichters werfen, erschlossen werden. Die Opitz betreffenden Materialien kann man in drei Gruppen einteilen. Die erste bildet das reichhaltige literarische Werk des Dichters, das schon zu seinen Lebzeiten mehrere Gesamtausgaben erlebt hatte. Zu der zweiten Gruppe gehört die reiche Korrespondenz des Dichters, die schon zum Großteil in verschiedenen Zeitschriften veröffentlicht wurde. Leider wurde sie von den Opitzforschern nur zum Teil verwertet. Die dritte Gruppe endlich bilden Aussagen, Aufsätze und Abhandlungen über Martin Opitz. Wir wollen hier nur einige der wichtigsten erwähnen.

Das grundsätzliche biographische Material lieferte der Freund des Dichters, Christoph Coler, in seiner *Laudatio honori et memoriae*...

Martini Opitii ... solenniter dicta ... Seine Aussagen, durch die damalige politische Lage bedingt, sind jedoch in bezug auf gewisse Zeitabschnitte im Leben des Dichters recht oberflächlich, verschweigen viele Tatsachen oder stellen sie bewußt in falschem Licht dar. Die Rede Colers wurde von Caspar Gottlieb Lindner übersetzt und im Jahre 1740 in Lindners reichhaltiger Materialiensammlung über Opitz abgedruckt.

Großen Wert besitzen die in der zweiten Hälfte des 19. Jahrhunderts von Palm und Rubensohn veröffentlichten Aufsätze, die einige Lebensabschnitte des Schlesiers neu beleuchten. Palm wandte seine besondere Aufmerksamkeit der diplomatischen Tätigkeit des Dichters zu, Rubensohn befaßte sich eingehend mit der Jugend des Dichters. Eine biographische Skizze gab Oesterley in der Einleitung zu den ausgewählten Werken des Dichters. Mit den theoretischen Arbeiten Opitzens befaßte sich Georg Witkowski, der ihre kritische Ausgabe besorgte. Auch das 20. Jahrhundert bringt zahlreiche interessante Aufsätze und Abhandlungen über Opitz, vor allem von R. Alewyn und K. Borinski.

Nach dem 2. Weltkrieg verschiebt sich der Schwerpunkt der Opitzforschung aus Deutschland nach Polen und den Vereinigten Staaten. Mit der Dichtung des Schlesiers befassen sich gegenwärtig der Professor der Universität Yale, Curt von Faber du Faur, der Professor der Universität von Kalifornien, C. Grant Loomis sowie der Professor der Universität von Texas, Georg Schulz-Behrend. In Polen erschien im Jahre 1952 im *Przeglad Zachodni* ein Aufsatz von Michael Cieśla, betitelt *Martin Opitz in Polen.* Mit dem Werk des Schlesiers befaßte sich Anna Wróbel in ihrer Dissertation *Kochanowski und die deutsche Literatur*.

Wie wir schon erwähnt haben, ergaben die bisherigen Arbeiten keine erschöpfende, wissenschaftliche Monographie Opitzens. Diese Vernachlässigung wurde mit dem immer noch unzureichenden Stand der Quellenforschung erklärt sowie durch die vielen noch bestehenden Lücken der Biographie des Dichters. Das ist auch heute noch zutreffend, denn die aktuelle Forschung läßt den Gedanken als verfrüht erscheinen. Doch selbst der Versuch einer Monographie, den der Verfasser dieser Abhandlung in Zukunft zu schreiben beabsichtigt, erfordert vorerst eine einleitende biographische Konzeption. Der Entwicklungsgang des Dichters wird jedoch nicht klar zutage treten, wenn wir nicht die Dynamik der gesellschaftlichen Zeitverhältnisse seiner Epoche mit berücksichtigen. Die Bedeutung der regen politischen Tätigkeit des Dichters wurde bisher nicht in ihrem ganzen Ausmaße erkannt. – Die äußerst charakteristischen und wichtigen Zusammenhänge Opitzens mit der Ideologie der Arianer und der irenischen Bewegung wurden nicht aufgeklärt. Die bisherige Forschung kannte diese Zusammenhänge überhaupt nicht. Viel grundlegendes Quellenmaterial bleibt unbekannt, beziehungsweise ungenutzt. Aber auch eine beträchtliche Zahl von Fehlern und Mißverständnissen ist nicht nur nicht beseitigt, sondern Jahrzehnte hindurch – gleichsam als Erbgut – aus einer Arbeit in die andere übernommen worden. Der Verfasser dieser Abhandlung sah sich vor die Notwendigkeit gestellt, nicht nur diese Irrtümer und Vernachlässigungen nach seinen Kräften zu beseitigen, sondern vor allem eine umfassendere Quellenbasis zu schaffen, eine große Anzahl sachlicher und bibliographischer Feststellungen zu geben, deren Nichtbeachtung zu falschen Schlußfolgerungen führen mußte. Der Verfasser bemühte sich, ein neues, genaueres Bild vom Leben und der politischen und literarischen Tätigkeit des Dichters zu geben und dabei besonders auf die bisher ungeklärten – oder, nach Ansicht des Verfassers, in nicht entsprechender Weise dargestellten – Probleme hinzuweisen.

VORWORT ZUR ZWEITEN AUFLAGE

Vor der Drucklegung wurde der Text neu durchgesehen, an einigen Stellen verbessert, beziehungsweise ergänzt. Auf die Übernahme des Verzeichnisses von Opitz-Drucken und -Briefen in die zweite Ausgabe hat der Verfasser verzichtet, da im Anhang zum zweiten Teil der *Weltlichen Poemata* (1644) von Opitz, die Erich Trunz herausgibt, eine ausführliche Opitz-Bibliographie gebracht wird.

Seit 1956, als dies Buch zum ersten Mal im Druck erschien, hat die Opitzforschung wichtiges geleistet. Die ersten Bände einer kritischen Opitz-Ausgabe, die Georg Schulz-Behrend vorbereitet, befinden sich auf dem Markt sowie zwei photomechanisch reproduzierte Bände der *Poemata* von Opitz, für die Erich Trunz zeichnet. Janis Little Gellinek lieferte eine umfangreiche Monographie über *Die weltliche Lyrik des Martin Opitz,* und zahlreiche Studien, Abhandlungen, Aufsätze und Beiträge klärten mannigfache Fragen der Forschung.

AUF DEM WEGE ZU NEUER DICHTUNG

Bereits am Anfang des XVII. Jahrhunderts konnten mehrere europäische Länder auf große Errungenschaften ihrer Nationalliteratur hinweisen: Italien rühmte sich seines Ariost und Tasso, Frankreich besaß Ronsard, Spanien Cervantes und Lope de Vega, England Sidney und Shakespeare, und die polnische Dichtung hatte ihren Meister in Jan Kochanowski.

Um die gleiche Zeit wurde in den gebildeten Kreisen des politisch, wirtschaftlich, religiös und kulturell uneinigen und zersplitterten Deutschen Kaiserreiches vor allem der neulateinischen Literatur gehuldigt. Hingegen beschränkte sich der Wirkungsbereich des schriftstellerischen Schaffens in deutscher Sprache im allgemeinen auf die ungebildeten Schichten der Bevölkerung. Die großen mundartlichen Unterschiede verengten die Reichweite dieser Literatur auf bestimmte einzelne Gegenden Deutschlands. Dies gilt, obwohl in geringerem Maße, auch für das Religiös-Literarische. Die deutschsprachige Dichtung bediente sich immer noch der traditionellen poetischen Formen, die der literarischen Weiterentwicklung hemmend im Wege standen.

Zur Zeit Luthers spielte Mitteldeutschland die wichtigste Rolle in der deutschen Literatur. In der zweiten Hälfte des XVI. Jahrhunderts verlagerte sich das Schwergewicht weiter nach Westen, nach Heidelberg und Straßburg, wo sich italienische und französische Einflüsse geltend machten. Der Anfang des XVII. Jahrhunderts bringt weitere Veränderungen mit sich. In Schlesien entwickelt sich eine Literatur in den Nationalsprachen. Im Jahre 1612 gibt der schlesische Hüttenarbeiter und Dichter Walentin Rozdzieński ein großes poetisches Werk in polnischer Sprache über die Tätigkeit der Berg- und Hüttenarbeiter heraus.[1] Und im Jahre 1617 schreibt Martin Opitz in Beuthen an der Oder seine Abhandlung gegen die Verachtung der deutschen Sprache und seine ersten deutschen Gedichte. Einige Jahre später, als Opitz' Dichtungen und Schriften seinen Namen in ganz Deutschland berühmt gemacht hatten, wandte sich der Blick aller, die sich mit deutschsprachiger Literatur beschäftigten, nach Schlesien, und die schlesischen Dichter spielten einige Jahrzehnte hindurch eine führende Rolle in der deutschen Literatur. Es ist eine merkwürdige Erscheinung, daß gerade das politisch, religiös und national uneinheitliche Schlesien, mit einer stark gemischten deutsch-polnischen Bevölkerung, im Entstehungsprozeß der deutschen Nationalliteratur bahnbrechend war.

Am Anfang des XVII. Jahrhunderts war die Klassen- und Nationalitätenstruktur Schlesiens nicht kongruent.[2] Die Scheidungslinie verlief hier mitten durch die einzelnen Bevölkerungsschichten. Sowohl unter den Feudalherren wie im Bürgerstand und im Bauerntum gab es Deutsche und Polen, und zwischen den Schlesiern und dem Königreich Polen bestanden nicht nur nationale, sondern auch wirtschaftliche, kulturelle und sogar religiöse Bande. Der Handel mit dem polnischen Nachbarn bildete eine der Hauptquellen des Wohlstandes der schlesischen Städte. Gleichzeitig fand auch ein kultureller Austausch statt. Die polnische Bevölkerung Schlesiens sang die Psalmen Jan Kochanowskis, und die großartige Entwicklung der polnischen Renaissancedichtung mußte auch bei den Deutschen einen Widerhall finden.[3]

Die am stärksten von deutscher Bevölkerung besiedelten Gegenden waren die wirtschaftlich fortgeschrittenen Gebiete südlich und westlich Breslaus. Unter der Landbevölkerung überwogen die Zinsbauern; die Tuchindustrie, die sich hauptsächlich auf Heimarbeit stützte, erreichte den Höhepunkt ihrer Entwicklung. Die schlesischen Städte erlebten damals ihre Blütezeit. Andererseits riefen die Versuche der Feudalherren, die persönliche Freiheit der Bauern einzuschränken, sie mit neuen Lasten zu beschweren und sie zur Fronarbeit auf ihren Landgütern zu zwingen, eine starke Gärung hervor. In den achtziger Jahren des XVI. Jahrhunderts kommt es im Fürstentum Schweidnitz-Jauer zu langjährigen Bauernunruhen, und die ersten Jahre des XVII. Jahrhunderts brachten eine Reihe weiterer Bauernaufstände, die mit dem Massenaufstand der Glatzer Bauern einen Höhepunkt erreichten.

Der Kampf um die Vormachtstellung in Tuchindustrie und Handel verschärfte die Gegensätze zwischen Bürgertum und Adel. Die Feudalherren versuchten ihre im vergangenen Jahrhundert verlorenen Positionen zurückzugewinnen. Sie strebten danach, sich das Bauerntum unterzuordnen und sich von der lästigen Konkurrenz des Bürgertums zu befreien. Dieser Kampf, der eine wirtschaftliche, politische und religiöse Unterdrükkung nach sich zog, war besonders heftig in den Teilen Schlesiens, die unmittelbar der Herrschaft Habsburgs, dem Bollwerk der feudalen Reaktion im Reiche, unterstanden. Als Folge dieses Kampfes bildete sich in Schlesien eine breite, gegen den Absolutismus der Habsburger gerichtete Front.

Auch auf dem Gebiete der Kultur machte sich dieser Kampf bemerkbar. Um der Gegenreformation entgegenzuarbeiten, versuchte man auf die breitesten Schichten der Bevölkerung einzuwirken. Die Propaganda mußte also in einer dem Volke verständlichen Sprache betrieben werden. Den Anfang machte eigentlich schon die Reformation, doch am energischsten kämpften um die nationale Sprache die gesellschaftlich radikalen Sekten der Wiedertäufer und Arianer.

Die deutsche Sprache wurde zur scharfen Waffe im Kampf gegen die latinisierte Kultur der herrschenden Schichten, und Volks- und Kirchenlieder gingen der neuen deutschen Dichtung voraus. Diese Dichtung erwuchs aus der gesellschaftlichen Gärungswelle, sie blieb jedoch ihrem ursprünglichen Wesen nicht treu. Die wirtschaftliche Schwächung, die das Bürger- und Bauerntum im Laufe des Dreißigjährigen Krieges erfuhr, und das Erstarken der absolutistischen Herrschaft der Feudalherren bewirkten, daß die deutschen Dichter, unter ihnen auch Martin Opitz, schließlich auf einen Kompromiß eingingen. Den Autoren wurde es immer schwerer, sich frei auszusprechen. Trotzdem war die deutsche Dichtung im Kampf gegen die latinisierte Kultur der herrschenden Schichten erfolgreich und schuf die Grundlage für eine deutsche Nationalliteratur. In diesem Ringen spielte der Schlesier Martin Opitz eine entscheidende Rolle.

Martin Opitz wurde am 23. Dezember 1597 in Bunzlau, einem alten schlesischen Städtchen am Bober, geboren.[4] Sein Vater, Sebastian, war – wie seine Vorfahren – Fleischer. Schon im Jahre 1361 lebte in Schweidnitz ein Fleischermeister Opetz. In der Stadtchronik von Bunzlau tritt im Jahre 1390 der Name des Bürgermeisters Peter Opecz auf, und im XV. Jahrhundert werden unter anderem Johann Opecz, Michael und Christoph Opicz genannt. Im Jahre 1517 hatte Barthel Opitz den Posten des Ältesten der Fleischerzunft inne.[5]

Wie wir sehen, wurde dieser Name verschieden geschrieben: Opecz, Opetz, Opicz und Opitz. Er war sowohl in Schlesien als auch in Deutschland verbreitet,[6] auch in Polen finden wir ihn in etwas veränderter Form. Balthasar Opeć, ein Krakauer Magister, gab im Jahre 1522 eines der ersten in polnischer Sprache gedruckten Bücher heraus.[7]

Die Mutter des Dichters, Martha, die Tochter des Martin Rothmann, starb kurz nach der Entbindung. Der Vater heiratete zum zweiten Male und später noch ein drittes und viertes Mal.[8] Die Frucht dieser Ehen waren vier weitere Kinder: Sebastian, Christoph, Anna und Maria.[9]

Der junge Martin war ungewöhnlich begabt und zeichnete sich durch ein hervorragendes Gedächtnis aus. Darum wurde er auch schon früh zur Schule geschickt.[10] Bunzlau erlebte zu jener Zeit seine wirtschaftliche und kulturelle Blüte. Noch heute zeugen davon schöne Renaissancebauten, reichverzierte Grabsteine und Skulpturen, die so manche Kriegswirren überstanden haben und bis auf unsere Tage erhalten geblieben sind. Dieses kleine Städtchen brachte damals viele bedeutende Männer hervor.[11]

Ein Onkel Martins, Christoph Opitz, war seit 1597 Rektor der Schule in Bunzlau. Nach seinem Tode im Jahre 1606 wurde Valentin Senftleben sein Nachfolger. Die Lehrer Martins waren u. a. Christoph Buchwälder, Georg Sauer und Martin Tscherning. Hier schloß Opitz eine dauerhafte Freundschaft mit seinen Mitschülern Bernhard Wilhelm Nüßler und Caspar Kirchner.[12] Das Schulleben war damals in Bunzlau sehr rege. Davon zeugen zum Beispiel die in den Jahren 1606 bis 1614 von Valentin Senftleben und Christoph Buchwälder organisierten, für jene Zeiten zahlreichen deutschen und lateinischen Schulaufführungen, an denen der junge Opitz vermutlich mehrmals teilgenommen hat.[13]

Nachdem er die Bunzlauer Schule absolviert hatte, beschloß man, ihn nach Breslau in die Maria-Magdalenen-Schule zu schicken. Die materielle Lage von Martins Vater war jedoch nicht besonders gut.[14] Man kam deshalb dem begabten Schüler zu Hilfe, indem man ihm ein Stipendium aus der Dotation Martin Rothmanns bewilligte, der im Jahre 1595 zweihundert Taler für arme Schüler und Studenten zur Verfügung gestellt hatte.

Wernicke fand zwei eigenhändig von Opitz unterzeichnete Quittungen. In der ersten bestätigt er den Empfang von 13 Talern und 12 Weißgulden am Michaelsfest, also am 29. September 1614, die ihm von David Preibisch und Christoph Buchwälder ausgehändigt wurden. Die zweite Bescheinigung lautet auf die gleiche Summe, wurde aber drei Jahre später ausgestellt.[15]

Im Jahre 1614 beginnt Opitz seine Schülerlaufbahn in der Breslauer Maria-Magdalenen-Schule, die einen erfolgreichen Konkurrenzkampf mit dem Elisabeth-Gymnasium führte. Das Interessengebiet dieser Schule war sehr vielseitig, man befaßte sich auch mit der polnischen Sprache. Während Opitz in Breslau weilte, arbeitete einer der Lehrer der Maria-Magdalenen-Schule, Jeremias Roter aus Glogau, an einem Lehrbuch der polnischen und deutschen Sprache,[16] das im Jahre 1616 im Druck erschien. Vier Jahre später gab auf Anordnung des Senats eine Gruppe Breslauer Lehrer ein lateinisch-deutsch-polnisch-tschechisches Wörterbuch heraus.[17]

In der Hauptstadt Schlesiens erwarb sich der begabte, fleißige und ehrgeizige Opitz rasch die Sympathie und Anerkennung des Rektors Johann Höckelshofen, der ihn bei den hervorragendsten Männern der Stadt einführte, darunter bei dem Arzt Caspar Cunrad und dem Juristen Nikolaus Henelius. Er kam auch in das Haus des bekannten Arztes und lateinischen Dichters Daniel Rindfleisch vel Bucretius, der Opitz die Erziehung seiner beiden Söhne Daniel und Theodor anvertraute.[18]

In Breslau reift Opitz schnell heran, er vervollständigt seine allgemeine Bildung, vervollkommnet seine lateinischen und griechischen Sprachkenntnisse und die ersten lateinischen Gedichte finden die Anerkennung seiner Protektoren. Ein Beweis dafür ist nicht zuletzt die Tatsache, daß sich in einer Gedichtssammlung, die anläßlich der am 27. Oktober in Brieg erfolgten Vermählung des Michael Timäus mit Rosina Neumann herausgegeben wurde, neben den Gedichten des Rektors Höckelshofen ein Liebesgedicht seines begabten Schülers findet.[19] Vom 8. Dezember 1614 stammen Opitzens früheste Verse an Andreas Lucae.

Zu jener Zeit herrschte unter den Gelehrten der Brauch, sich einen philosophischen oder religiösen Spruch als Lebenslosung zu wählen und über dieses Thema Gedichte zu sammeln bzw. zu bestellen. So sammelte z. B. Caspar Cunrad tausend Gedichte über sein Symbolum: „Domini est Salus".[20] Anfang August 1615 erhielt er auch von dem achtzehnjährigen Schüler Martin Opitz ein in lateinischen Hexametern geschriebenes Gedicht, das fünfundsiebzig Verse umfaßte.[21] Das Poem zeichnet sich durch seine prachtvolle, warme und pathetische Sprache aus. Trotz des panegyrischen Inhalts fühlt man, daß man es hier mit einem seiner Kunst bedingungslos ergebenen Dichter zu tun hat. Es darf daher nicht wundernehmen, wenn Cunrad über das Gedicht des „Jungen" (puer) entzückt war und er Opitz seine Anerkennung in den prophetischen lateinischen Versen zum Ausdruck brachte:

Martino Opitio Juveni Literatis.
Musa, Minerva, Crisis, sibi te legere ministrum:
Fungare officio fac bene, Phoebus eris.[22]

Dieser Zweizeiler, der das Datum des 9. September 1615 trägt, wurde von Opitz dem ersten kleinen Sammelband seiner Gedichte, *Strenarum libellus,* vorangestellt. Das Büchlein enthält kurze lateinische Gelegenheitsgedichte, Neujahrswünsche, die an siebzehn Bürger der Stadt Bunzlau gerichtet sind, und ist dem Rektor Valentin Senftleben gewidmet. In der Dedikation spricht Opitz über den Einfluß Senftlebens, seines ehemaligen Lehrers, auf seine Entwicklung: „Tu cum videbas me latinitatis avidum, pudicam orationem et naturali pulcritudine exurgentem puero induisti. De aliis non dico, ne veritatis verba adulationis putes."[23] Der Dichter bringt Senftleben seine Hochachtung und Dankbarkeit zum Ausdruck und erinnert ihn gleichzeitig daran, daß er sich in einer materiell schwierigen Lage befinde.

Die Widmung des *Strenarum libellus* ist unterzeichnet: „Boleslaviae Sil. Anno MDCXVI extremo Jan.", die Gedichte waren jedoch, wie aus ihrem Inhalt hervorgeht, im Jahre 1615, zwischen Weihnachten und Neujahr, entstanden.[25] Sie zeugen von formaler Begabung des achtzehnjährigen Dichters, von guter Beherrschung der lateinischen Sprache und sind voll jugendlicher Herzlichkeit und überschwenglicher Gefühle.

Das *Strenarum libellus* umfaßt neunzehn kurze Gedichte, von denen das erste ein Neujahrsgedicht mit bukolischen Motiven und das letzte ein Liebesgedicht ist. Die übrigen sind an Bunzlauer Bürger gerichtet: an den amtierenden Bürgermeister, den Syndikus, den Richter, die drei Ärzte, den Pastor, seine Diakonen und an acht Lehrer. Diese Gedichte, die immer mit einer Pointe enden, sind dem Epigramm ähnlich. Die Sammlung, die zwei lateinische Distichen beschließen, wurde im Jahre 1616 von Johann Rhambau in Görlitz gedruckt.

In Görlitz hatte Opitz vermutlich den bekannten Gelehrten Caspar Dornau kennengelernt, der seit 1608 Rektor des dortigen Gymnasiums war.[26] Sein Ruf bewirkte, daß man ihm verschiedene Posten anbot, darunter auch die Stelle eines Geschichtsprofessors in Altdorf.[27] Im Jahre 1615 entschloß sich Dornau, einen Lehrstuhl als Professor Morum in dem von Georg Schoenaich neuerrichteten akademischen Gymnasium in Beuthen an der Oder anzunehmen, und unterschrieb einen entsprechenden Vertrag. Jedoch erst nach einer glücklich überstandenen schweren Krankheit im März 1616 begab er sich nach Beuthen, um die Arbeitsverhältnisse an Ort und Stelle kennenzulernen. Zur gleichen Zeit, vielleicht sogar zusammen mit Dornau, fuhr Martin Opitz nach Beuthen, um sich im Gymnasium Schoenaichs auf die Universitätsstudien vorzubereiten.[28]

Das kleine Städtchen Beuthen an der Oder, unweit der damaligen polnischen Grenze gelegen, war durch starke wirtschaftliche, nationale und kulturelle Bande mit Polen verknüpft. C. D. Klopsch, der Verfasser der 1818 erschienenen Geschichte des Beuthener Gymnasiums, schreibt, daß die Bewohner Beuthens gern an die alte Zeit zurückdenken, da ihre Vaterstadt eine Blütezeit durchlebte und sogar das nahe Glogau in den Schatten stellte. Immer noch erinnern sie sich der Überlieferung, wonach die polnische Besatzung der Beuthener Burg dem Ansturm der Heere Kaiser Heinrichs V., der gegen den Fürsten Boleslaw Krzywousty kämpfte, erfolgreichen Widerstand leistete.[29] In den umliegenden Dörfern wurde zur Zeit Martin Opitz' polnisch gesprochen.[30]

Das Gymnasium Schoenaichs, das über zahlreiche und gute Professoren verfügte und reichliche Subventionen erhielt, übte eine große Anziehungskraft auch auf die Studenten außerhalb der Grenzen Schlesiens aus. Klopsch berichtet, daß der Großteil der Studenten aus Polen stammte, daß aber auch Studenten aus Böhmen, Mähren und der Lausitz hier lernten.[31] Viele Bewohner Beuthens lebten davon, daß sie Schüler beköstigten und ihnen Quartiere vermieteten. So wohnten zum Beispiel im Hause des Stadtschreibers fast immer polnische Studenten.[32]

Gleichzeitig mit Opitz studierte in Beuthen auf Kosten des Rafael Leszczyński der polnische Schriftsteller Andreas Wegierski, ein begeisterter Anhänger der Böhmischen Brüder und Verfasser des bekannten Werkes *Systema historico chronologicum ecclesiarum slavonicarum*.[33] In der gleichen Schule lernte einige Jahre später sein Bruder Wojciech Wegierski, der ein umfangreiches lateinisches Gedicht unter dem Titel: *Josua Heroico carmine* veröffentlichte und es Rafael Leszczyński widmete.[34] Hier studierten auch Martin Ambrosius aus Ostroróg, Wladyslaw Goraiski und Mikolaj Wawrzyniec Siemieniecki.[35] Der Professor des Beuthener Gymnasiums, Ernst Nolde, stammte aus Polen, und jahrelang unterrichtete hier Georg Manlius.[36]

Die Schoenaichs galten als Kalvinisten, sie waren jedoch gegen religiöse Intoleranz und verboten jegliche religiöse Polemik. Der aus Polen stammende Elias Schlichting mußte die Schule verlassen, weil er gegen die Heilige Dreifaltigkeit auftrat, und ein anderer Student wurde für sein öffentliches Bekenntnis zum Photinianismus aus dem Schülerheim ausgeschlossen.[37] Trotzdem sympathisierten die Schoenaichs mit den Arianern. Diese Sympathie wurde jedoch geheimgehalten, weil bei ihrer Entdeckung Repressionen, Vermögensbeschlagnahme und Verbannung drohten.

Die Sekte der Arianer oder Polnischen Brüder schied im Jahre 1565 aus der reformierten Kirche aus und wurde selbständig. Sie gehörte in sozialer Hinsicht zu der radikalsten Bewegung Polens.Mit einer außerordentlich gutorganisierten Propaganda kämpfte sie gegen die von fremder Arbeit lebenden Feudalherren und Junker, forderte die Abschaffung der Leibeigenschaft und lehnte den Krieg ab. Gleichheit und Brüderlichkeit predigend, traten die Arianer gegen jegliche Unterscheidung der Menschen nach Ständen und Nationen auf. Sie pflegten und förderten verschiedene Zweige der Wissenschaft, und ihre Redner und Schriftsteller haben sich um die Weiterentwicklung der polnischen Prosa verdient gemacht. In Raków gründeten sie eine ausgezeichnete arianische Hochschule, die das „Sarmatische Athen" genannt wurde. Rektor dieser Schule war vorübergehend der Görlitzer Georg Manlius, der spätere Professor in Beuthen an der Oder.

Zwar schwächten sich die radikalen Tendenzen der Polnischen Brüder mit der Zeit bedeutend ab, dennoch ruhte die Gegenreformation nicht eher, als bis die Sekte offiziell verboten wurde und ihre bedeutendsten Anhänger Polen verlassen hatten.

Noch zu Lebzeiten Georg Schoenaichs wurde Georg Vechner, der Professor der Theologie und Frömmigkeit am Beuthener Gymnasium, des Arminianismus und später des Arianismus beschuldigt.[38] Die Angriffe gegen Vechner und seine Beschützer hörten nicht auf und wurden erst nach einer langjährigen Hetze mit der Verhängung einer Geldstrafe über Johann Schoenaich in Höhe von 54 444 Talern zum Abschluß gebracht. Das bedeutete für Schoenaich den völligen Ruin. Um sich vor weiteren Verfolgungen zu schützen, floh er im Jahre 1630 nach Polen.[39]

Einem Jesuiten aus dem unweit von Beuthen gelegenen Glogau verdanken wir folgende Charakteristik der Lehranstalt: „Zum größten Nachteil der guten Menschen blüht in Beuthen an der Oder ein Gymnasium, aus dem allerlei Sektenanführer wie einst die Krieger aus dem Trojanischen Pferd bis auf den heutigen Tag herauskommen, die die Samen ihrer verderblichen Lehre (semina suae pestiferae doctrinae) den zarten Gemütern einflößen und mit fleißvoller Sorge eine ihrer Natur entsprechende und überaus reiche Frucht hervorbringen. Dies Gymnasium, aller Frevel Unflat, ist vom verstorbenen Herrn Schöneich höchst freigebig versorgt worden, ..."

Der neunzehnjährige Opitz wurde, dank der Unterstützung Dornaus, vom kaiserlichen Rat und Kammerfiskal Tobias Scultetus als Präzeptor und Erzieher seines Sohnes angestellt.[40] Scultetus, Doktor der Rechte, stand bei den Zeitgenossen im Rufe eines ungewöhnlich gebildeten Mannes. Henelius charakterisiert ihn in seiner *Silesiographia renovata* wie folgt: ... „exquisita in omni disciplinarum genere eruditio, multiplex lingvarum scientia, judicii perspicia, consiliorum felicitas, rerum gerendarum dexteritas, loci et personae dignitas, quae sola magnos facere solent singulos, unum unversa fecerunt admirabilem, atque in memoriae templo monumentum ei consiliarunt aeviternum."[41]

Tobias Scultetus schrieb selbst lateinische Gedichte. Im Jahre 1594 erschienen sie in Heidelberg und fanden die Anerkennung des geschätzten Dichters Paul Melissus. Einige Gedichte von Scultetus sprechen von einer engen Freundschaft mit Janus Gruter, der später eine Berühmtheit der Heidelberger Universität wurde.[42] Drei Gedichte sind an Polen gerichtet, unter anderem auch an Marek Oleśnicki.[43]

Das an Rednerübungen, Diskussionen und anderen Ereignissen reiche Leben des Beuthener Gymnasiums regte auch Martin Opitz an, sich durch seine lateinischen Gedichte, die voll jugendlichen Feuers und Pathos waren, hervorzutun.

Im Jahre 1616 schrieb Opitz anläßlich der Genesung seines Gönners Caspar Dornau eine Elegie, die zwei Jahre später in der Sammlung *Casparis Dornavii Dulc-Amarum* erschien.[44] Der junge Dichter bringt darin seinen poetischen Enthusiasmus zum Ausdruck und entwickelt dabei eine ungewöhnliche formale Geschicklichkeit und Sicherheit. In anmutigen lateinischen Gedichten besingt Opitz den Beuthener Professor der Poesie, Johann Melideus,[45] den Geschichtsprofessor Balthasar Exner[46] und Tobias Scultetus.[47]

Unter den Gelegenheitsgedichten nehmen die an Freunde gerichteten, vertraulichen Gedichte einen besonderen Platz ein. In dem für Wilhelm Cothurnus (Bundschuh) geschriebenen Propemptikon bekennt ihm der Dichter seine Freundschaft, die er in scharfen Worten der höfischen Perversität und Schmeichelei entgegenstellt: „Kein Charakterzug steht dem Mann besser an als Aufrichtigkeit und Treue, frei von aller Schminke und

Unechtheit. Dieses Unterpfand des Lobes gilt mir mehr, als wenn mich der eingeweihte Pöbel einen gewitzten, der schmeichlerischen Hinterlist eines etruskischen Fuchses kundigen Taugenichts nennt, mag auch allzunahe alle Welt diese Spiegelfechterei treiben: der durchtriebene Verstellungskünstler, der geschickte, im Hofleben gründlich erfahrene Politicus kennt solche Kunstgriffe. Der Blitz soll diese Bestien verderben, die mit dem Munde Honig reden und Galle im Herzen tragen und mit simonischer Treue des arglosen Freundes rechtschaffenes Herz täuschen. Wahrlich, nicht so verfluche ich das Reich des Dis (Hölle) wie diese Söhne der Wölfin, das abscheuliche Verhängnis für den redlichen Sinn, die sich berechnend unter den Schafpelz verkriechen. Unter der schönen Haut der Natter verbirgt sich das Gift. Diese pelasgische Menschenfreundlichkeit ist grausamer als die Grausamkeit selbst... Eine brüderliche Freundschaft dagegen, die zwischen dem Aufstoßen und dem stinkenden Nachtbecken geschlossen wird, wonach kann sie denn riechen als nach den Dingen, aus denen sie heraussprang? Wer aus der Küche kommt, trägt Küchengeruch an sich. Nichts hält länger gegen die eitle Zeitlichkeit stand als die zwischen den Schriften und Büchern entstandene Liebe. Diese verbindet uns mit unlösbarer Kette und wird uns immer verbinden ...“[48]

Diese Töne der Empörung und des Hasses gegen die Heuchelei und Verlogenheit der höfischen Kreise sind auch in anderen Jugendgedichten von Opitz zu finden und rühren von seinen unangenehmen sozialen Erfahrungen und den erlebten Demütigungen her, die eine Radikalisierung seiner Weltanschauung nach sich zogen. Außerdem trug zu dieser ideologischen Wende die damals in Beuthen betriebene revolutionäre Propaganda der Arianer bei.

Der Beuthener Aufenthalt des Dichters hatte nicht nur die weitere Entwicklung seiner neulateinischen Poesie zur Folge, sondern es entstand in dieser Zeit – auf der Basis seiner weltanschaulichen Ansichten – die Idee, eine Kunstdichtung in deutscher Sprache zu schaffen. An der Verwirklichung dieser Idee arbeitete Opitz mit großer Energie sein ganzes Leben hindurch.

Im Beuthener Gymnasium wurde der Dichter vermutlich dank der zahlreichen polnischen Studenten mit dem poetischen Werk der polnischen Renaissance bekannt. Durch Vermittlung Dornaus und Scultetus’, die reichhaltige Bibliotheken besaßen, lernte er auch französische, niederländische und italienische Werke kennen. Der junge, ehrgeizige Dichter wollte den führenden Schriftstellern der anderen europäischen Nationen nicht nachstehen und begann bewußt und zielstrebig den Kampf um eine Kunstdichtung in deutscher Sprache.

Vor Opitzens Auftreten hat man in den gebildeten Kreisen Schlesiens vor allem der neulateinischen Dichtung gehuldigt. Auf den Gymnasien wurde besonderer Nachdruck auf Rhetorik und Poetik gelegt, und die Schüler lernten lateinische Reden vortragen und Verse schreiben, ja, sie wurden sogar angehalten, längere lateinische Dichtungen zu verfassen. Auch Opitz, Gryphius, Hofmannswaldau und andere entwarfen ihre ersten Gedichte schon in der Schule, und dies natürlich in lateinischer Sprache. Die Fertigkeit, lateinisch zu sprechen und zu dichten, gehörte zu den Hauptzielen der Gymnasien. Taufen, Hochzeiten, Sterbefälle und andere Ereignisse boten reichlich Gelegenheit, mit diesen Elukubrationen öffentlich aufzutreten. Noch heute besitzt die Universitätsbibliothek der schlesischen Hauptstadt Tausende solcher Gedichte.

Demgegenüber nahm die Dichtung in deutscher Sprache einen recht bescheidenen Platz ein, und ihr Wirkungsbereich war sowohl durch die mundartlichen Unterschiede als auch aus gesellschaftlichen Gründen begrenzt. Man schrieb fast durchweg im Knittelvers. Die deutschsprachigen Dichter wandten sich an ein breiteres Publikum, das des Lateins zum großen Teil nicht kundig war. Schlachtenbeschreibungen, Kriegsberichte und allerhand andere Sensationen sowie Spiele und Lieder erschöpften in großem Maß den Themenkreis und die gebräuchlichen Gattungen. So war es jedenfalls in Schlesien. Die Dichter, die deutsche Verse schrieben, waren sich ihrer untergeordneten Rolle bewußt und entwickelten keine besonderen künstlerischen Ambitionen. Einige Strophen aus der Beschreibung von Glogaus Brand, die Elias Lange im Jahre 1616 veröffentlichte, geben darüber Aufschluß:

Als hab ich solch schrecklich Geschicht
Wolln bringen in diss Deutsch Gedicht,
Zu Lieb vnd Dienst dem gmeinen Man
Der es am besten fassen kan.

Vnd ob ich gleich eim jedern schon
Nicht mag thun satisfaction
Durch die gering beschreibung mein,
Die ich gemacht ohn allen schein:

So hoff ich doch, der Leser gut
(Wofern er nur hat rechten Mut)
Wird daraus gnug sich informirn,
Vnd meinen gutten Willen spürn:

Zumahl, weil Jchs (wie vor gedacht)
Für Hochgelährte nicht gemacht,
Sondern allein dem Deutschen Man,
Ders Lesen vnd Verstehen kan.

Wie denn nichts minder Jch hiermit
Auch die Gelährten fleissig bitt:
Das sie doch die grausam Geschicht
(Weil Jch jhr gnug gewachsen nicht)

Nach rechten Würden vnd gebührn
Wollen raus streichen vnd tractirn,
Vnd also den Glogischen BRAND
Der gantzen Welt machen bekand.

In dess aber mein Müh voran
Jhnen günstig gefallen lahn,
Vnd meine Mängel (die sie sehn)
Jm allerbesten nur verstehn.

Wer aber sonst wil scrupulirn,
Die Wort vnd Sylben criticirn,
Derselbe mir das Meinig lass,
Vnd mach ein Anders desto bass.

Gegen die damals übliche Abwertung der deutschen Sprache, der man nachsagte, sie eigne sich nicht für wahre Poesie, trat der junge Opitz auf und lieferte mit seinen deutschen Versen den Gegenbeweis.

In einem Gelegenheitsgedicht zur Vermählung des Pastors Matthias Ruthard am 11. Juli 1618 spricht der Dichter über diese ersten deutschen Gedichte, die er vor nicht ganz einem Jahre im Hause des Scultetus geschrieben hatte:

... Daß Venus zu mir kam (Es ist noch nicht ein Jahr)
Am schönen Wasserberg mit jhrer gantzen Schar.
Sie bat, ich wolt' jhr Kindt lassen bey mir einkehren,
Vnd die Teutsche Sprach, so gut ich's wiste, lehren ...[49]

Schon Höpfner wies darauf hin, daß „schöner Wasserberg" ein kleines Schlößchen von Scultetus war, das auch „Bellaquimontium" genannt wurde und sich am hohen Ufer der Oder erhob.[50]

Da sich Opitz eine neue deutsche Dichtung zum Ziel setzte, die der klassischen Poesie der Griechen und Römer ebenbürtig sein sollte, bediente er sich, nach französischem Muster, in seinen ersten deutschen Gedichten der Alexandriner und glaubte dadurch ein den Hexametern gleichwertiges und der deutschen Sprache entsprechendes Versmaß gefunden zu haben. Er berichtet darüber im *Aristarchus:* „Vor nicht langer Zeit habe ich dem erlauchten und edlen Herrn, Herrn Tobias Scultetus von Schwanensee und Bregoschitz kaiserlichen Rat und Commissar und meinen stets zu verehrenden Herrn und Gönner, einige von mir nach französischer Art gedichtete Verse gewidmet ... So habe ich zuerst mich in jener Versart versucht, welche die Franzosen ... Alexandriner nennen und an Stelle der Hexameter verwenden.“[51]

Gegen Ende seines Beuthener Aufenthaltes schrieb Opitz im Herbst 1617 – in kaum zwei Tagen, wie er behauptet – eine lateinische Rede wider die Verachtung der deutschen Sprache, unter dem Titel: *Aristarchus sive de contemptu linguae Teutonicae*, die er vermutlich bei einer Rednerübung im Gymnasium vortrug. Der Dichter tritt voll kompromißlosen Jugendeifers mit der These hervor, daß die ehemals prachtvollen Sprachen der Griechen und Römer schon seit vielen Jahrhunderten entartet und verdorben seien. Der Glanz des Lateinischen sei gleichzeitig mit dem Untergang des Römischen Reiches verblaßt, sein endgültiger Verfall nähere sich mit jedem Tage. Diese These war gegen die „latinisierte“ Kultur der besitzenden Schichten gerichtet. Der junge Opitz versucht, die Quelle dieser Sprachdegeneration aufzudecken. Er stellt die Vermutung auf, daß vor allem die Tyrannen die Schuld daran trügen, denn zur Zeit solcher verbrecherischer Ungeheuer wie Claudius, Nero und Domitian habe doch die Sprache nicht besser sein können als die damaligen Herrscher. Die Redner, die den Tyrannen schmeichelten, wandten ihre ganze Aufmerksamkeit formalen Spielereien zu und vernichteten auf diese Weise den edlen Inhalt der lateinischen Sprache, machten sie hohl und nichtssagend. „Lüsterne Afterredner erstanden, die lieber witzige Zoten vorbrachten als edel redeten. Alle Mühe, alle eifrige Arbeit verwandten sie auf die peinliche Genauigkeit des Ausdrucks, und während sie ängstlich Kraft zu heucheln suchten, vernichteten sie den edlen Sinn der Rede und wurden kraft- und saftlos.“[52]

Das bedeutet nicht, daß Opitz die Errungenschaften der antiken Literatur unterschätzte – im Gegenteil, er war ihr glühender Verehrer. Er sah aber deutlich, daß eine entsprechende Nutzung dieses prachtvollen Erbes und dessen Weiterentwicklung auf dem Wege der verknöcherten neulateinischen Literatur – der er ein rasches und unabwendbares Ende voraussagte – unmöglich sei. Die Zukunft gehört der deutschen Sprache, der Muttersprache des Dichters, die rein und unverfälscht Jahrhunderte überdauert hat. An dieser Stelle führt jedoch der Verfasser seinen kühnen Gedanken nicht konsequent zu Ende. Es drängt sich nämlich die Frage auf, wer eigentlich der Träger dieser unverfälschten Sprache war. Diese Frage läßt Opitz unbeantwortet. Er weist indes auf die gebildeten Schichten hin, welche – mit wenigen Ausnahmen – die Muttersprache vernachlässigen und verunglimpfen. Ihr verächtliches Verhalten dem Vaterland gegenüber und ihre grenzenlose Anbetung des Ausländischen seien die Ursache des Verfalls der Nation und des Landes. Sie verwandeln die deutsche Sprache, die bis dahin rein und ausdrucksvoll war, in eine Kloake, in der sich der ganze Schmutz anderer Sprachen sammelt. Fast jeder deutsche Satz ist verunreinigt durch aus dem Lateinischen, Französischen, Spanischen und sogar Italienischen und Griechischen entlehnte Wörter. Doch müssen die wirklich klugen Leute diese Verunglimpfung der Muttersprache verdammen, auch beim Volke wird sie keine Gnade finden, und selbst den Frauen dient sie oft als Stoff zu Gelächter und Spott.

Opitz fordert alle gesund empfindenden Landsleute auf, die Reinheit der deutschen Sprache, die doch den anderen europäischen Sprachen sowohl in Prosa als auch in Poesie ebenbürtig sei, zu wahren. Als Beweis dieser Ebenbürtigkeit führt er die Übersetzung des Amadis-Romans an. Wahrscheinlich handelt es sich dabei nicht um das vielbändige Werk selbst, sondern um die *Schatzkammer schöner und zierlicher Orationen, Sendbriefen, Gesprächen, Vorträgen, Vermahnungen und dergleichen, Auss den vier und zwentzig Büchern dess Amadis von Frankreich zusammen gezogen. Vnd allen derselben Liebhabern, vnd sonderlich allen denen so sich Teutscher Sprach Lieblichkeit und Zierd befleißigen zu gutem Trunck gegeben.* Das Buch hatte um die Jahrhundertwende mehrere Auflagen. Opitz erkannte scharfsinnig, daß darin eine neue, überschwengliche deutsche Prosa zu Worte kam. Doch Dornau, der als Rektor des Beuthener Gymnasiums die Aufsicht über die dortige Druckerei hatte, setzte, um etwaigen Anstoß bei seinem strengen Brotherrn zu vermeiden, an Stelle des *Amadis* den *Bienenkorb* Johann Fischarts. Und damit hat er Opitz' Gedanken zunichte gemacht, denn der *Bienenkorb* hatte noch nichts mit dem neuen Stil zu tun.[53]

Von der Prosa geht Opitz zur deutschen Dichtung über. Zuerst stellt er fest, daß sie eine jahrhundertlange Tradition besitzt, denn schon Tacitus erinnert an altgermanische Lieder, und als Beispiel der herrlichen deutschen mittelalterlichen Poesie führt er ein Gedicht von Marner an. Leider habe man später die Dichtung in deutscher Sprache vernachlässigt, während andere europäische Länder sich prachtvoller poetischer Errungenschaften rühmen dürfen. Die Deutschen können aber nicht nur mit gleichem Erfolg wie jene, sondern auch in denselben Versmaßen ihre Gedichte schreiben. Als Beweis gibt Opitz eine Probe des eigenen Schaffens in deutscher Sprache. Er beginnt mit einer leidenschaftlichen Anklage des Schicksals:

O Fortun, o Fortun, stieffmutter aller frewden,
   Anfeinderin der lust, erweckerin der noth,
   Du todtes leben, ja du lebendiger Todt,
Durch welcher grimm sich mus manch trewes hertze scheiden.
Sol deine grawsamkeit den auch mein junges leben

(Des allen vngeacht das mir Natura mehr
Als ich auch wirdig bin geschencket gunst vnd ehr)
In trübniß vnd gefahr so trawrig lassen schweben?
Du scheutzliche Chimer sieh wozu du mich bringest,
Da ich von kindheit an mit vnverwandtem sin
Standhafft vnd vnverzagt alzeit gewesen bin,
Jetzt bitter zehren mich auch zuvergiessen dringest.
Ey bis mit dem zufried': ey las dir doch genügen,
Das deiner stralen brunst an meines alters blum
Die frischen bletter gantz verdörret: diesen ruhm
Las dir doch sein genung: mit diesem raub thue siegen.
Ein freyer heldt wenn er den Feind nur vberwunden,
Ist er gar wol zu fried': er helt es für rhümlich,
Das, ob ers köndte thun, er doch nicht reche sich,
Weil er nun albereit was er gesucht, hat funden.
Vnd du, o schnödes weib, wilst mich so hoch verderben,
Vnd dir ists nicht genung das du mich so gerührt,
Ja durch viel creutz vnd leidt, durch angst vnnd noth geführt,
Du denckest dir auch noch bey mir vmb mehr zuwerben.
Gott aber ist mein schutz, dem wil ich das vertrawen,
Was mir noch vbrig ist: er ist mein schirm vnd schilt,
Wenn ich jhn nur fleh' an gar keine noth mehr gilt.
Auff jhn wil ich allein in allen nöthen bawen.
Wer sich auff Gott verlest, der mag gar künlich dencken,
Das er alles vnglück so vns offtmals zusteht,
(Ob es gleich in der erst schwer vnd gedrang hergeht)
Zu seiner stell' vnd stundt mit frewden werde lencken.[54]

In diesem ersten in deutscher Sprache gedruckten Gedicht, das Opitz nach französischem Muster in Alexandrinern geschrieben hat, hält er sich noch nicht an den Grundsatz der regelmäßigen Aufeinanderfolge der betonten und unbetonten Silben. Er beachtet jedoch entsprechend der romanisierenden Metrik die Zäsur nach der sechsten Silbe und die regelmäßige Folge des dreizehnsilbigen Verses mit weiblicher und des zwölfsilbigen Verses mit männlicher Endung. (Die umarmenden Reime verwirft er später zugunsten des paarigen Reimschemas.) Die sechste und die zwölfte Silbe sind immer „lang".

Das Fortunagedicht ist nicht unbedeutend. Am Vorabend des Dreißigjährigen Krieges geschrieben, wird in ihm eine dumpfe Ahnung der tragischen Zukunft zum Ausdruck gebracht. Es erklingen Töne der Empörung und des Kampfes mit dem Schicksal, das den Dichter trotz seiner persönlichen Vorzüge ungerecht behandelt.

Diese Anklage ist unzweifelhaft auf die Lage zurückzuführen, in der sich Opitz in seiner schweren Jugendzeit befand. Seit er die Vaterstadt verlassen hatte, bestritt er seinen Unterhalt von dem ihm zuerkannten Stipendium und seiner Arbeit als Erzieher. Er war also auf die Gnade seiner Gönner und Brotherren angewiesen. Dennoch hatten ihn die Verhältnisse noch nicht gebeugt, und bittere Lebenserfahrungen lehrten ihn noch nicht jene Vorsicht und Diplomatie, in der er später ein Meister sein sollte.

Auch in den übrigen deutschen Gedichten Opitzens aus dem *Aristarchus* finden wir noch keine Übereinstimmung der Versbetonung mit der Wortbetonung. Das gleiche gilt von den durch den Bunzlauer in dieser Abhandlung veröffentlichten Gedichten Ernst von Schwabes, eines jungen, wahrscheinlich aus Westpreußen stammenden Dichters.[55] Opitz bemerkt, daß er sie erst viel später zu Gesicht bekam, nachdem er schon selber Gedichte in seiner Muttersprache zu schreiben begonnen hatte. In den weiteren Ausführungen des *Aristarchus* bringt Opitz einige theoretische Bemerkungen über den Alexandriner, den „Vers communs" (französischen Zehnsilbenvers) und empfiehlt, den am Schluß eines Wortes auftretenden Selbstlaut „e" wegzulassen und ihn durch einen Apostroph zu ersetzen, falls das nächste Wort mit einem Vokal beginnt.[56]

Wie Rudolf Schlösser später bewiesen hat, ist dies eine kurze Zusammenfassung von drei Kapiteln aus dem *Abrégé de l'art poétique Français* (1565) von Pierre Ronsard, und zwar jener Kapitel, die in der deutschen Dichtung Anwendung finden konnten. Die Kenntnis der theoretischen Abhandlung Ronsards hatte sich Martin Opitz vermutlich aus dem verlorengegangenen kleinen Werk Ernst von Schwabes angeeignet.[57] Nach der Besprechung dieser die deutsche Poesie betreffenden Probleme wendet sich der Verfasser des *Aristarchus* in einem glühenden Appell an seine Landsleute, bittet und beschwört sie, die Muttersprache zu pflegen, sie weiterzugestalten und ihre Reinheit zu wahren, um auf diesem Gebiete die anderen Völker einzuholen.

Der *Aristarchus*, diese erste theoretische Abhandlung von Opitz, bedeutet einen entscheidenden Wendepunkt in seinem Schaffen, denn sie gibt die Synthese seiner Beuthener Errungenschaften auf dem Gebiet der deutschen Dichtung und bringt seine ersten, wichtigen poetischen Versuche in deutscher Sprache, die den Regeln der romanisierenden Metrik folgen.

Es ergibt sich nun die Frage, wie Opitz es wagen konnte, diese radikalen Ansichten in einer Schule vorzutragen und sie am selben Ort im Druck erscheinen zu lassen, wissen wir doch, daß die Hauptaufmerksamkeit der schlesischen Gymnasien den alten Sprachen galt. In jahrelanger Arbeit war man bestrebt, aus den Zöglingen ausgezeichnete Latinisten zu machen. Dies sollte ihnen den Weg in die Welt, in Amt und Würde eröffnen. Opitzens Angriff gegen die lateinische Sprache, also zugleich ein Angriff gegen das Ziel, das sich die Schulen zur Hauptaufgabe setzten, ja, gegen das damalige Bildungsideal überhaupt, war nur im Beuthener Akademischen Gymnasium möglich.

Außerordentlich interessant ist die bisher nicht beachtete Tatsache, daß auch die berühmte didaktische Lehre eines der bekanntesten Pädagogen, Amos Comenius, in der unmittelbaren Umgebung von Beuthen entstand. Als nämlich im Jahre 1628 die Beuthener Schule wegen sektiererischer Umtriebe vom Kaiser geschlossen wurde, bezogen die meisten Schüler und Lehrer das Gymnasium des nahen polnischen Grenzortes Lissa, wo zu gleicher Zeit der damals noch unbekannte böhmische Gelehrte Comenius Lehrer wurde. Hier verfaßte er, den eine herzliche Freundschaft mit Opitz verband, seine umwälzende *Janua linguarum reserata,* deren polnische Übersetzung Opitzens Beuthener Mitschüler Andreas Wegierski anfertigte. In diesem Werk führte Comenius eine gründliche Kritik der alten Schule durch, indem er die Nutzlosigkeit der rein altphilologischen, grammatisch-rhetorischen Schulbildung für das praktische Leben bewies und sich gegen Latein als Hauptfach wandte. Gleichzeitig setzte sich Comenius für die Pflege der Nationalsprache ein. Er wiederholte zum Teil Gedanken, die Opitz 11 Jahre früher im Aristarchus formulierte. Die Geschichte der Didaktik hat leider diese Beziehungen bisher nicht erhellt.

Auch die Tatsache, daß Opitzens Tat nicht allein dasteht und daß in derselben Umgebung auf einem anderen Gebiet Hervorragendes geleistet wurde, schließt die Zufälligkeit dieser wichtigen Ereignisse aus und weist auf die im Existenzkampf stehenden progressiven Sekten, obwohl sich diese auf die Dauer nicht behaupten konnten, als die geistigen Anreger des Neuen hin. Im Jahr 1628 wurde das Akademische Gymnasium in Beuthen an der Oder liquidiert, 1638 die Akademie in Raków und 1658 in Lissa. Die Druckereien wurden zerstört, Professoren und Studenten vertrieben. Es ist bezeichnend, daß ein großer Teil der Standhaftesten in Holland, dem damals fortschrittlichsten Land Europas, Zuflucht fand.

Im Gegensatz zu einer handschriftlichen Bemerkung von Opitz, die davon spricht, daß der *Aristarchus* im Jahre 1617 herausgegeben wurde, hat sich Rubensohn in einer sehr komplizierten, aber methodologisch interessanten Art zu beweisen bemüht, daß der Teil des Büchleins, der die Dichtung betrifft, erst in Frankfurt an der Oder im Jahre 1618 geschrieben wurde.[58] Das Hauptargument Rubensohns war die Hypothese, daß Opitz erst damals mit den Schriften des in Frankfurt an der Oder studierenden Ernst Schwabe von der Heyde bekannt wurde. Die Sache verhielt sich jedoch wahrscheinlich anders. Schon im Herbst 1617, also kurz bevor Opitz Beuthen verließ, begab er sich in die Universitätsstadt Frankfurt, um zu sondieren, ob er dort eine Stellung bekommen könnte, die ihm die nötigen Mittel zur Fortsetzung seiner Studien geben würde.

In Frankfurt lernte Opitz den wohlhabenden Ernst von Schwabe kennen und wurde mit seinen theoretischen Ansichten und seinen deutschen Gedichten vertraut, wahrscheinlich aus einem handschriftlichen Exemplar.[59] In der Hoffnung, in Schwabe einen künftigen Gönner zu finden, nahm er einige von dessen Gedichten in den *Aristarchus* auf und fügte eine sehr schmeichelhafte Äußerung über den Verfasser hinzu.

Während dieses Frankfurter Aufenthaltes schrieb Opitz einige Gelegenheitsgedichte zu Ehren verschiedener Personen, unter anderem anläßlich der Erlangung der Doktorwürde Martin Füssels, dessen gleichnamiger Sohn später Professor am Beuthener Gymnasium wurde. Wie Klopsch berichtet, fand die Promotion im Jahre 1617 statt.[60] Dieses Gedicht ist nur in zwei handschriftlichen Abschriften erhalten. Der Dichter wendet sich darin gegen die Ehrabschneider, die sich, von verruchter Seuche ergriffen, wie tolle vergiftete Hunde, wie die von ihrem blutsaugerischen Geschäft beglückten Blutegel des Ruhmes und Namens Edler bemächtigen. Dieser scharfe, pessimistische Ton wiederholt sich auch in anderen Gedichten des Schlesiers aus dieser Zeit und zeugt von nicht genau bekannten, persönlichen Unannehmlichkeiten, die ihn zwangen, Beuthen zu verlassen.

Vermutlich hat das Erscheinen des *Aristarchus* dabei eine entscheidende Rolle gespielt. Diese Schrift mußte ja bei den Anhängern der neulateinischen Dichtung, die für die neuen Gedanken wenig Verständnis zeigten, einen Sturm der Entrüstung hervorrufen. Denn die Ankündigung eines endgültigen und unvermeidlichen Verfalls der antiken Sprachen war in diesen Kreisen einer Blasphemie gleich, und die Losung einer Dichtung in der Muttersprache versetzte den verknöcherten Idealen zahlreicher Pädagogen, die sich von allem, was einheimisch war, lossagten, einen unbarmherzigen Schlag. Mit diesen „latinisierten Weisen" setzt sich der Dichter einige Monate nach seiner Abreise aus Beuthen in seinem lateinischen Gedicht *Hipponax ad Asterien* aufs nachdrücklichste auseinander: „Wann werd' ich in eurer Mitte, die holdselige Asteria an meiner Seite, auf den grünen Matten des Queckbrunnens, an den plätschernden Bächen oder am lauschigen Boberufer mich ergehen? Wieviel heiterer wird dort unser Lachen klingen, die tyrannischen Sorgen verscheuchend! Verschmäh' des Himmels Kinder nicht, die Dichter! Mich treibt die Ruhmliebe, mich treibt mein Genius aufs Feld der Ehre, mich trennt die glühende Liebe zur Wissenschaft von der Menge niedriger Sorgen, von der Dichterlinge Schar, die ihren Lorbeer preisgeben. Doch bin ich auch kein lichtscheuer Bücherwurm, mir selber ein Fremdling, wie jener ekle Auswurf der Sprachmeister (grammatistae), die an ihre eigene Beschränktheit den hehren, himmelentsprossenen Genius mit ehernen Banden ketten möchten. Wahrlich, in euch fuhr des Krates Verstand, die

Blüte der Bildung seid ihr, Pädagogen. Wir anderen sind nur ein Schatten eures Namens: ihr habt des Cicero Beredsamkeit ererbt, ihr beigeistert euch allein am Musenquell: wir sind Barbaren nur, ohne Urteil, ohne Bildung, eben erst der Kinderstube entlaufen (transfugae cunarum). Mögen wir auch in unermüdlicher Arbeit bei Tag und Nacht die Schätze der Alten studieren, in den Augen der Schulfüchse (magistelli) haben wir nur taube Nüsse, zerbrochenes Glas in den Händen. Pfui über euch elende Nachteulen, hündische Begeiferer des guten Rufes! Ihr wollt meine himmelan strebenden Gedanken knebeln, einsperren in die Enge eures schläfrigen Geistes? Nein, höher und immer höher strebt die erhabene Seele, weit, weit hinaus aus dem Bannkreis der Schulstube. Von der Flamme des Ruhmes genährt, durchfliegt sie alle Gebiete des Wissens, dem feurigen Rosse gleich, dem man die Zügel schießen ließ und das nun des Lenkers lacht. Wenn ich so mir selber treu bleibe und reinen Sinnes, allein von der Begeisterung geleitet, weiterschreite zu dem hochragenden Tempel der Gelehrsamkeit, dann werde ich, mich selber und die Zeit überlebend, auf dem Flügelwagen des Ruhmes einziehen in die Ewigkeit und mit mir du, Holdselige ...“[61]

Diese Verse, die von jugendlich-revolutionärer Kompromißlosigkeit und einem starken, unerschütterlichen Glauben des Dichters an die wahre Kunst zeugen, wurden in Görlitz niedergeschrieben, wohin Opitz zurückgekehrt war. Da er keine Mittel besaß, seine Studien fortzusetzen, ließ er sich vorläufig beim Rektor der dortigen Schule nieder, wo er vermutlich irgendeine untergeordnete pädagogische Tätigkeit ausübte. Der Rektor der „Schola Augusta“, ein poeta laureatus, Elias Cüchler (1567–1632), bereitete damals eine Anthologie griechischer Epigramme zum Druck vor, die auch lateinische Übersetzungen enthielt. Im Jahre 1618 erschienen, reich mit Anmerkungen versehen, die ersten zwei Zenturien des Werkes.[62]

Der junge Dichter übersetzte aus dieser Anthologie einige Epigramme ins Deutsche, auch in den späteren Jahren hat er sie gelegentlich benutzt und von den beigefügten Anmerkungen Gebrauch gemacht.[63] Nach einer Gepflogenheit der Humanisten entnahm er ihr den Namen für seine Geliebte, die er – durch die lateinische Variation eines Epigramms des Plato irregeführt – Asteria nannte, wodurch er den männlichen Namen in einen weiblichen verwandelte.[64]

Die Auserwählte des Dichters, der dieser in lateinischen und deutschen Gedichten huldigte, war Rosina Cüchler, die vierzehnjährige Tochter des Görlitzer Rektors.[65] Im Jahre 1619 wurde in Dornaus *Amphitheatrum* unter zahlreichen anderen die Rose rühmenden Versen auch ein Gedicht des jungen Dichters *Mart. Opitii Silesii Rosa ad Rosillam* gedruckt.[66] Außer in diesem einen Fall, wo die Geliebte unmittelbar genannt wird, besingt er sie in allen anderen Gedichten als Asteria.

In den ersten Monaten des Jahres 1618 gab Opitz in Görlitz das von uns schon erwähnte lateinische Gedicht *Hipponax ad Asterien* heraus, dem er sechs deutsche Liebesgedichte beifügte.[67] Das Vorwort an des Dichters Freunde, Bernhard Wilhelm Nüßler und Caspar Kirchner gerichtet, weist abermals auf die schwere Lage hin, in der sich Opitz nach seiner Abreise aus Beuthen befand. Die Betrübnis des Dichters wird nur durch die heiße Liebe zu der jungen Rosina gelindert. Diese Vorrede wurde geschrieben „E coenobio" oder aus dem „Kloster", wie man damals das Gymnasium in Görlitz nannte, das im Jahre 1565 in einem ehemaligen Franziskanergebäude eingerichtet worden war. Im *Hipponax* stützt sich Opitz auf das Vorbild Heinsius', dessen Gedichte er schon im *Aristarchus* lobte: „Es gibt ... von dem wunderbar gelehrten Daniel Heinsius Gedichte in seiner Muttersprache, in denen er die Formvollendung seiner lateinischen Gedichte nicht nur erreicht, sondern bis zu einem gewissen Grade diese und sich selbst beinahe übertroffen hat."[68]

Eine wichtige Rolle bei der Vermittlung der Dichtung des Niederländers spielte Caspar Kirchner, der im Jahre 1617 in Leyden weilte, wo er Meister Heinsius' Gunst gewann.[69] Nach Bunzlau zurückgekehrt, sorgte er für die Verbreitung der poetischen Werke des Niederländers unter seinen Freunden. Das zweite Buch der Gedichte von Heinsius ist zum größten Teil in Hinkjamben geschrieben und trägt den Titel: *Hipponax ad Thaumantidem suavissimam puellam.*[70] (Dem Hipponax, einem griechischen Dichter aus Ephesus, wird die Erfindung der Hinkjamben zugeschrieben, in denen an Stelle des letzten Jambus ein Trochäus oder Spondäus tritt.) Diesem Buch entlehnte Opitz den Namen für die kleine Sammlung seiner an Asteria gerichteten Gedichte.

Das poetische Liebesbekenntnis des Dichters mußte für die noch sehr junge, der lateinischen Sprache unkundigen Rosina unverständlich bleiben. Opitz hatte jedoch sechs Liebesgedichte in deutscher Sprache hinzugefügt, die nicht nur der Geliebten zugänglich sein, sondern vor allem – dem lateinischen *Hipponax* gegenübergestellt – die im *Aristarchus* aufgestellte These von der Vollwertigkeit der deutschen Sprache in der Poesie bestätigen sollten.[71]

Opitz bemüht sich, diese deutschen Gedichte mit größter Mannigfaltigkeit zu gestalten. Er verwendet sowohl umarmende wie auch Paar- und Kreuzreime. Neben dem Alexandriner bedient er sich auch des Zehnsilbenverses (Vers communs). Die Elision des „e" wird aufs strengste eingehalten, und an Stelle des weggelassenen Selbstlautes setzt Opitz einen Apostroph. Er schreibt ein Sonett, einige Epigramme und ein sogenanntes Echo. Es sind meist freie Übersetzungen beziehungsweise Nachahmungen aus dem Niederländischen und Lateinischen. Hier ein Beispiel:

I. Sonnet. E Belgico.

Was wil ich über Pusch, was wil ich über Sandt,
Was wil ich über See vnd durch die wüsten Wellen,
In eine frembde Welt den Perlen nachzustellen,
Es sey ans rote Meer oder ins Mohrenlandt.

Mein Lieb hat doch allein (ach das ich sie erkandt!)
Perlen die schöner sind denn jemals funden waren;
Denn jemandt jrgendt je von denen die hinfahren
In reich Arabien oder Egypten fandt.

Sie tregt in dem Gesicht zween lebend' Asteriten,
Die Lippen sein Corall, die Wangen sein Robin,
Die zarten Brüste sein von schönen Chrysoliten;

O were nicht Demant jhr Hertz' und harter Sinn!
Gewinn' ich diesen Schatz, weg aller überfluß:
Was sol mir Gutt vnd Geldt so ich jhr darben muß?[72]

Einen Teil der im *Hipponax* veröffentlichten Gedichte konnte Opitz schon in Beuthen verfaßt haben, also einige Monate vor ihrem Druck. Er schrieb nämlich auch dort Liebesgedichte, wie das Epithalamium zur Vermählung des Matthias Ruthard beweist.[73] Das Erscheinen des *Hipponax* ist ein erster, bescheidener Versuch, die Pläne zu realisieren, die der Dichter in seiner Beuthener Abhandlung mit folgenden Worten vorzeichnete: „... das werden auch meine deutschen Gedichte noch deutlicher zeigen und beweisen, die entweder zusammen mit den lateinischen oder besonders einmal, so Gott will, hervortreten werden ans süsse Licht der Sonne ..."[74]

Nachdem er einige Monate in der „Schola Augusta" in Görlitz verbracht hatte, siedelte Opitz nach Frankfurt an der Oder über. Coler weist darauf in seiner *Laudatio honori et memoriae ... Martini Opitii ... solenniter dicta* ... hin: „Also begab er sich nun auf die hohe Schule nach Frankfurt und lebte daselbst mit seinem vertrauten Freund Nüßler ein Jahr durch. Beide bahnten sich hier den Weg zu dem Herzoglichen Hofe nach Liegnitz ..."[75]

Den Aufenthalt Opitz' und Nüßlers in Frankfurt im Jahre 1618 bestätigen auch die in dem bereits erwähnten fünften Buche *Casparis Dornavi Dulc-Amarum* enthaltenen Gedichte. Das Buch trägt den Titel *Exequiae viventis*. Es enthält zumeist Gratulationsgedichte zur Wiedergenesung des Beuthener Professors. Opitz sendet aus Frankfurt an Dornau zwei Gedichte, die sich durch ihre Ausdruckskraft wesentlich von den anderen in dieser kleinen Sammlung enthaltenen unterscheiden. Er fügt auch ein Gratulationsschreiben bei, aus dem hervorgeht, daß der

Rektor des Beuthener Gymnasiums ihn materiell unterstützte. Unter diesen Gedichten wurde auch die Elegie *Sic tibi Zephyrus* abgedruckt, welche der Schlesier – wie schon gesagt – noch in Beuthen im Jahre 1616 geschrieben hatte.[76] Nach den Gedichten von Opitz wurden auch die von B. W. Nüßler, N. Unwirde und Wilhelm Cothurnus (Bundschuh), die damals Studenten in Frankfurt an der Oder waren, gedruckt.[77]

Obwohl diese Gedichte den Aufenthalt des Verfassers des *Aristarchus* in der Oderstadt nachweisen, finden wir seinen Namen nicht in dem Album der Universität. Es ist nicht ausgeschlossen, daß seine schwierige materielle Lage es ihm nicht erlaubte, sich formell dort einzutragen, was mit der Entrichtung einer Eintragungsgebühr verbunden war. Andererseits scheint sein Aufenthalt in Frankfurt nur sehr kurz gewesen zu sein und kann, entgegen Colers Angabe, bei weitem nicht ein Jahr gedauert haben.

In den ersten Monaten des Jahres 1619 weilte Opitz, wie aus den damals geschriebenen Gelegenheitsgedichten hervorgeht, abwechselnd in Görlitz und Bunzlau und bereitete sich zwecks weiterer Studien auf die Abreise nach Heidelberg vor. Um diese Zeit beginnt eine neue Phase in seiner Dichtung.

In der zweiten Hälfte des XVI. Jahrhunderts waren einige deutsche Dichter bestrebt, die deutsche Poesie zu modernisieren. Paul Schede vel Melissus hatte in einigen Gedichten, wie zum Beispiel in *Rot Röslein wollt ich brechen,* das akzentuierend-alternierende System angewandt, und Conrad Gesner und Clajus bemühten sich, neue theoretische Prinzipien aufzustellen. Diese Versuche fanden jedoch keinen Anklang.

Auch Opitz, der eine moderne deutsche Kunstpoesie schaffen wollte, suchte für seine Gedichte nach einem der deutschen Sprache entsprechenden metrischen System, das ihm gestatten würde, Gedichte zu schreiben, die den herrlichen Schöpfungen der Antike gleichwertig wären. Den quantitativen Hexameter ersetzte er zuerst durch romanisierende Alexandriner. Das genügte ihm jedoch nicht. In den ersten Monaten des Jahres 1619, kurz vor seiner Abreise nach Heidelberg, ging der Dichter, um der Rhythmik des antiken Gedichtes gleichzukommen, dazu über, das akzentuierend-alternierende System anzuwenden, wie dies schon Heinsius in seiner holländischen Dichtung getan hatte, und führte die regelmäßige Aufeinanderfolge der betonten und unbetonten Silben ein. Dies war von größter Bedeutung für die Weiterentwicklung der deutschen Dichtung.

Schon vor einigen Jahrzehnten bewies Rubensohn an Hand von konkretem poetischem Material und entgegen den Behauptungen, die bis heute in den deutschen Literaturgeschichten weiterleben, daß dieser Wendepunkt bei Opitz weder in Heidelberg noch in den Niederlanden, sondern bereits vor seiner Abreise aus Schlesien eintrat.[78]

Wie erwähnt, war in den Gedichten des *Aristarchus* und *Hipponax* die Silbenbetonung nicht völlig reguliert. Die Frequenz der Abweichungen vom jambischen Fluß der Verse im Verhältnis zu der Verszahl des gegebenen Gedichts beträgt im *Hipponax* 40% und im *Aristarchus* bei den Gedichten vom Opitz 23%, bei Schwabe 44%.[79] Den Übergang Opitz' zum akzentuierend-alternierenden System werden wir auf Grund zweier Gelegenheitsgedichte des Schlesiers, deren Entstehungszeit bestimmt ist, genauer besprechen.

Das erste verfaßte er zur Vermählung von Sebastian Namsler am 28. Februar 1618 in Bunzlau.[80] Auch in diesem Gedicht deckt sich der grammatische Akzent der Worte oft nicht mit dem jambischen Fluß der Verse. Diese Unstimmigkeiten wurden in den späteren Ausgaben durch Opitz beseitigt. Wir bringen eine vergleichende Tabelle der mit dem akzentuierend-alternierenden System nicht übereinstimmenden Stellen des Erstdruckes mit den späteren Verbesserungen des Dichters in der gesammelten Ausgabe seiner Gedichte vom Jahre 1624 (Straßburger Ausgabe von Zincgref) und 1625 (Breslauer Ausgabe von Opitz).[81]

	Betonungsgesetz nicht berücksichtigt:	Betonungsgesetz berücksichtigt:
Vers 1.	wie ich denn zúthun pflege (1618)	wie ich zuthun dann pflege (1624, 1625)
5.	Venús das ist (1618)	Die Venus ist (1624, 1625)
5.	Der freundlichén Jungfráwen (1618, 1624)	der wolgestalten Frawen (1625)
8.	Dannher endlích entspringt (1618)	Darauß entspringen muß (1624), 1625)
10.	Ist núr bloß vnd allein (1618)	Ist eintzig vnd allein (1624) Ist einig vnd allein (1625)
20.	Biß wir endlích eingéhn (1618)	Biß endlich wir gemacht (1624) So wird von vns gemacht (1625)
21.	Vnsér Mannháfftes Hertze (1618)	daß vnser standhafft Hertze (1624) daß vnser grosses Hertze (1625)
22.	Vnsér Weißhéit vnd Kunst (1618)	Kunst, Weißheit, Ehr (1624/1625)
25.	Manchér wil sich erhencken	Bald will sich der erhencken ...

manchér wil sich er- trencken. (1618)	bald will sich der ertrencken, (1624) Bald wil sich der ertrencken . . . vnnd jener wil sich hencken. (1625)
29. O wie glücksélig ist, Herr Breutigam, das leben (1618, 1624)	Wie gut, Herr Bräutigam, ist aber ewer Leben (1625)
33. ziehén an Venus Wagen (1618)	an Venuswagen ziehen (1624, 1625)
39. was man sonst zúthun pflegt (1618)	Cupido hat gesandt den Hymen allbereit (der Inhalt des Verses ist völlig verändert) (1624, 1625)
43. es lassen jetzt anstéhn (1618)	lassen noch die süsse(n) Wercke stehn (1624, 1625)
44. Biß es vns dermal eins aúch wird so wol ergehn (1618, 1624)	Biß es vns dermaleins so wol wird auch ergehn (1625)

Wie aus dieser Gegenüberstellung hervorgeht, hatte der Dichter in der musterhaften Ausgabe der Gedichte vom Jahre 1625 in fünfzehn Fällen Änderungen vorgenommen, um den Versen einen jambischen Fluß zu verleihen. Die Frequenz der Abweichungen vom Betonungsgesetz beträgt also 34 Prozent. Übrigens befindet sich schon in der Straßburger Ausgabe der Poemata (1624), die von Opitz noch in Heidelberg (1619–1620) zum Druck vorbereitet wurde, das verbesserte Gedicht, in dem nur noch im 5. und 29. Vers der Text geändert werden mußte· Die Abänderung im 44. Vers nahm der Dichter später mit Rücksicht auf die logische Betonung vor.

Im März 1619 schreibt Opitz ein Gedicht zur Vermählung seines Freundes und Vetters Caspar Kirchner.[82] Es ist dies sein erstes nach dem akzentuierend-alternierenden System geschriebenes Gedicht. Nur in einem Fall ist ein Verstoß zu verzeichnen (Vers 18). Die zweite Änderung nahm der Dichter mit Rücksicht auf den Inhalt vor (Vers 40).

18. Auffgábet williglich (1619, 1624)	Vnd Weisheit gantz ergabt (1625)
40. Daß so ich wolte thun (1619)	Was aber ich will thun (1624. Im Jahre 1625 wurde u. a. dieser Vers weggelassen.)

Dieses erste in Jamben geschriebene Gedicht geben wir nachstehend im ganzen wieder:

Auff Herrn Caspar Kirchners vnd Jungfrawen Martha Queisserin Hochzeit (18. III. 1619)

Es ist in Engelland, wo sonst Diana hetzet,
Vnd an der Temse rand sich mit der Jagt ergetzet,
Nicht weit von Windesoor ein lustig grünes Thal,
Mit Gaben der Natur gezieret vberall.
Die Klippen oben zue seyn fürgesetzt der Sonnen,
Die Wiese wird erfrischt von vielen süssen Brunnen,
Die Blumen vnd das Graß ist niemals abemeyt,
An Winters statt ist Herbst, an Sommers Früling zeit.
In dieses edel Orth ist Venus endlich kommen
Nach dem der Selymus jhr Cypern eingenommen,
Da hat jhr Volck ein Hauß von Rosen auffgebawt,
So die Poeten nur sonst niemand angeschawt.
Der Mond ist viertzig mal nun fast mit frischen Pferden
Gereiset vmb vnd vmb den runden Kreiß der Erden,
Als jhr, Herr Bräutigam, alldar seydt angelangt,
Vnd euch ward zu erkendt was jhr erst jetzt empfangt.
Dann als die Göttin sah wie jhr auß Lust der Tugend
Auffgabet williglich die blüt an ewrer Jugend:
(Nicht wie die meisten thun so wandern vber Meer,
Vnd bringen für Verstand frembd' Art von Lastern her,
Ertappen newe tracht anstatt der Weißheit güter,
Verändern nur die Lufft, behalten die gemüter.)
Hat sie es so versehn, weil sie Poeten huld,
Daß jhr in diesem Port' euch hier erholen solt.
Wo ist nun die Natur, wo seind die großen sinnen
Mit derer Hoheit jhr zuvor erschöpffen können
Den grund der wissenschaft? Wo ist der Weißheit zier
Mit der jhr ohne schertz giengt vielen andern für?
Wo ist der Zirckel denn mit welchem jhr der Sternen
Vnd Himmels eygenschafft gepfleget zu erlernen?
Hier, hier ist ewre Sonn', ist ewer Firmament,
Ist ewer Erdenkreiß: hier hat die Welt ein end.
Laßt Aristoteles, laßt liegen Epicteten,
Vergeßt der hohen Künst der Himmlischen Poeten:
Was mein Ovidius geschrieben, hilfft euch nicht;
Was Maro nie gewußt, wird jetzt ins Werck gericht.
Vergönnet mir den Lauff der tapffern werthen Helden,

Die vmb das Vatterland sich opffern, zu vermelden:
Daß so jhr jetzund thut ich nicht zuthun beger,
Daß so ich wolte thun wer' euch mit dem zuschwer.
Ihr werdet von der lust davon jhr offt geschrieben
Mit grosser Höffligkeit, jetzt selber auch getrieben:
Wovon jhr vor der zeit so schöne Verß erdacht,
Wird billich dermal eins euch nun zu Hause bracht.
Vnd sehet, es kömpt gleich von Venus ein Postirer,
Der gülden Hesperus, der Sternen einfurirer,
Der meldet jhr solt fort, es sey schon hohe zeit.
Geht hin, jhr liebes par, den weg der Ewigkeit.
Geht, geht, es ist gewiß ohn' einige gefehre;
Vnd wenn das Würgen nicht in Böhmen grosser were,
Es solte mancher wol der bey der Mutter ligt,
Vnd nur das Pflaster drückt, hinlauffen wo man kriegt.[83]

Seit dem Jahre 1619 beachtet Opitz in seiner deutschen Dichtung bewußt das alternierend-akzentuierende System. Verstöße gegen das Betonungsgesetz kommen nur vereinzelt vor, auch diese werden in den späteren Ausgaben zum Teil behoben. Zwar dauerte es noch einige Jahre, bis die neuen deutschen Gedichte des Schlesiers in ganz Deutschland bekannt wurden und breiteste Anerkennung fanden, doch der entscheidende Schritt, der der deutschen Dichtung bis Klopstock den Weg wies, war getan.

Es ist auffallend, daß Opitz sein bedeutendes Werk in einer kleinen Grenzstadt, weit von den Kulturzentren Deutschlands, begann. Das Bekanntwerden mit der Dichtung von Ronsard und Heinsius konnte dabei nicht von entscheidender Wichtigkeit gewesen sein, denn sonst hätte der Umschwung sich schon früher, und zwar in Westdeutschland, vollzogen haben müssen. Die literarischen Errungenschaften des Auslandes konnten dem Dichter den Weg nur erleichtern und höchstens in Einzelheiten bestimmend einwirken; doch der durch Opitz aufgenommene Kampf um die neue deutsche Dichtung mußte tiefere Gründe haben. Schon einige aus der Beuthener Zeit stammende lateinische Gedichte weisen auf die Radikalisierung seiner Weltanschauung hin. Auf den um den Lebensunterhalt ringenden und von der Gnade seiner Brotherren abhängigen Dichter mußten die revolutionären gesellschaftlichen Ansichten der Arianer einen tiefen Eindruck machen, und auch in späteren Jahren stimmte seine Weltanschauung in wesentlichen Punkten mit der der Arianer überein. Seine fortschrittlichen, in gewisser Hinsicht revolutionären Anschauungen bildeten den Boden, auf dem der Gedanke erwuchs, den Kampf gegen das Diktat der herrschenden Klasse auf dem Gebiet der Literatur aufzunehmen und eine deutsche, nationale Dichtung anzubahnen.

Dieser Kampf führte später zu einer jahrelangen Auseinandersetzung zwischen dem jungen mittellosen bürgerlichen Dichter und der aristokratischen Fruchtbringenden Gesellschaft. Er endete mit der Kapitulation des Fürsten von Anhalt–Köthen, der das Werk des Schlesiers im ganzen Umfang anerkennen mußte und für die Sprachgesellschaft als richtungweisend erklärte. Opitzens Sieg konnte jedoch nicht vollkommen sein, denn die gesellschaftlichen Zustände des zersplitterten Deutschlands, die durch den Krieg bewirkte Schwächung des Bürgertums bewirkten später, daß, wie bereits gesagt, auch Opitz auf einen Kompromiß einging. Damit verloren seine Dichtungen an kämpferischer Glut und poetischer Frische.

REISEJAHRE

Auf dem Wege nach Heidelberg hielt sich Opitz kurz in Leipzig auf, wo er ein lateinisches Gedicht zur Trauung Johann Tschernings mit Anna Wolframb verfaßte.[1] In die Heidelberger Universitätsmatrikel schrieb er sich am 17. Juni 1619 unter der Nummer 94 als „Martinus Opitius Boleslaviensis Silesius“ ein.[2]

In Heidelberg lehrte damals der berühmte Geschichtsforscher und Philologe Janus Gruter, den schon seit längerer Zeit eine herzliche Freundschaft mit den Gönnern des Dichters Tobias Scultetus,[3] Caspar Cunrad[4] und Caspar Dornau[5] verband. Kurz vor Opitzens Abreise bemühte man sich, Gruter nach Beuthen zu berufen, vermutlich als Professor der Poetik und Rhetorik. Diese Pläne scheiterten jedoch an den zu hohen Ansprüchen des Gelehrten.[6] Sein Name, berühmt durch zahlreiche Publikationen, zog viele Studenten nach Heidelberg. Einen besonders starken Eindruck machte auf Opitz die Schrift Gruters *Thesaurus, sive corpus inscriptionum totius orbis Romani antiquarum,* die er später in seiner *Dacia* fortzusetzen versuchte.

Nach seiner Ankunft in Heidelberg begrüßte der junge schlesische Dichter den berühmten Gelehrten in einem anmutigen lateinischen Gedicht, in welchem er auch Scultetus erwähnt.[7] Trotz Bemühungen gelang es Opitz zunächst nicht, die Freundschaft Gruters zu gewinnen. Einige Jahre später bekannte Gruter in einem Brief an Kirchner selbstkritisch, daß er für Opitz nicht das war, was er sein sollte: „Scriptio certe isthaec tua, mi Kirchnere, fuit mihi loco nephentes homericae, hymni vero Opitii instar nectaris atqve ambrosiae; tanto qvidem magis, quod in iis non omisisset insubidi mei epigrammatis memoriam. Eo enim ipso colligo, amari me adhuc atqve aestimari ab illo, in qvem nihil contuli ejus, qvod debui.“[8]

Dank seinen schlesischen Protektoren wurde Opitz Lehrer im Hause Georg Michael Lingelsheims, des Nestors der literarischen Bewegung in Heidelberg und ehemaligen Erziehers des Kurfürsten Friedrich von der Pfalz. Lingelsheim (1566–1636) war einer der hervorragendsten Geister des damaligen Deutschlands. Freundschaftsbande verknüpften ihn mit vielen bekannten Persönlichkeiten Europas, unter anderen mit M. Bernegger, H. Grotius, D. Heinsius, P. Melissus und J. J. Scaliger.[9] Lingelsheim war „totus copernicanus“ und beschäftigte sich mit den Arbeiten Galileo Galileis an dem System des großen Astronomen.[10] Als glühender

Anhänger der Religionsfreiheit und Religionstoleranz förderte er die Herausgabe vieler Werke von Grotius, Bernegger und anderen sogenannten „Irenikern".

Als Mitglied des Geheimen Rates des Kurfürsten von der Pfalz übte Lingelsheim bedeutenden Einfluß auf die politischen Ansichten des schlesischen Dichters aus. Bei ihm erfuhr Opitz zum ersten Mal unmittelbar die Probleme der großen Politik. Die Stimmung, die damals in dem malerischen Städtchen am Neckar herrschte, war, im Zusammenhang mit der Wahl des Kurfürsten Friedrich durch die protestantischen Stände zum König von Böhmen, äußerst gespannt. Das ungewöhnliche Ereignis rief in Heidelberg große Erregung hervor. Man gab sich der Täuschung hin, daß es dem neuen König gelingen werde, seinen Herrschaftsbereich auf das ganze deutsche Kaiserreich auszudehnen und den verhaßten Habsburgern ein Ende zu bereiten. Diese Ansichten und Stimmungen kamen in mehreren Gedichten und Reden zum Ausdruck. Auch Opitz trat mit einer lateinischen Rede hervor, unter dem Titel *Oratio ad Serenissimum ac Potentissimum Principem Fridericum Regem Bohemiae.*[11] Zwar wurde diese Rede dem König erst am 23. Februar 1620, während seines Aufenthaltes in Breslau, überreicht, doch sie entstand schon einige Monate früher unter dem unmittelbaren Eindruck der Abreise Friedrichs V. aus Heidelberg nach Böhmen, bei der Opitz Augenzeuge war: „His oculis vidimus, quam tristi laetitia abeuntem te senes et juvenes, viri pariter ac foeminae prosequebantur: ita salus publica, et privata orbitas diversis affectibus gaudium simul et moerorem commitebant. Relinquebas liberos, hoc est magnam cordis tui partem. Relinquebas subditos, quorum unusquisque et vivere optaret tecum et mori."[12]

Im zweiten Teil seiner Rede begrüßt der Dichter in von Vaterlandsliebe glühenden Worten den nach Breslau gekommenen König und gibt der Hoffnung Ausdruck, daß der neue Herrscher die Tyrannei der Habsburger brechen und seinen Untertanen die Freiheit bringen werde: „Salve Domine. Non enim rejecimus imperium, sed imperantem saevitiam. Parere possumus, tyranidem perferre non possumus. Serviemus tibi, ut liberi sumus . . ."[13]

Die Rede wurde zusammen mit dem beigefügten Gedicht „Aspice, Rex . . ." bei Gotthard Voegelin in Heidelberg gedruckt;[14] sie ist jedoch nicht die einzige politische Schöpfung des Dichters in seiner Heidelberger Periode.

In einer lateinischen Lobschrift wendet sich Opitz an den Freund Lingelsheims, Ludwig Camerarius[15], einen der begabtesten Diplomaten Friedrichs V. und neuen böhmischen Vizekanzler, dem die schlesischen Angelegenheiten unterstanden. Opitz huldigt ihm, gemäß dem Geist seiner Zeit, in überaus schmeichlerischem Ton. Er spricht auch unter anderem über die Ursache des schon seit fast zwei Jahren tobenden Dreißigjährigen Krieges, die seiner Ansicht nach darin zu suchen ist, daß die Böhmen ihrer früheren Freiheiten beraubt wurden. Die beispiellose Unterdrückung und die hoffnungslose Lage, in der sie sich befanden, trieben sie dazu, ihre Rettung im bewaffneten Aufstand zu suchen, der dann die Losung zum Kampf in ganz Deutschland wurde.

In krassen Farben schildert der Dichter die verheerenden Folgen des Krieges und beschuldigt in Worten voll bitterer Ironie als die Urheber dieses Blutvergießens die Habsburger, deren „clementia" sprichwörtlich geworden war. Beeindruckt von den ersten Erfolgen, in Unkenntnis des Kräfteverhältnisses, sagt Opitz dem König Friedrich einen Sieg über den Kaiser und die Eroberung der kaiserlichen Länder voraus. Diese entscheidende Stellungnahme gegen die Habsburger, der er auch in anderen in Heidelberg geschriebenen Gedichten Ausdruck verlieh, entsprach den im protestantischen Teile Deutschlands herrschenden Stimmungen. Die Niederlage Friedrichs V. im Kampf am Weißen Berg machte jedoch diese Hoffnungen zunichte. Schlesien fiel wieder dem Kaiser zu, und Opitz versuchte nach der Rückkehr in seine Vaterstadt die Spuren seiner ersten politischen Tätigkeit zu verwischen.

Opitz war ein ungewöhnlich reger Mensch. Das gilt auch für seine Heidelberger Zeit, da sich der von den ersten Erfolgen seiner poetischen Schriften berauschte junge Dichter voll Feuer und Begeisterung in den Strudel des Lebens stürzte. Was tat er hier nicht alles! Er studierte und war Erzieher, lernte Fechten und trank mit lustigen Zechgesellen, er schrieb politische Gedichte und glühende Liebeslyrik und befaßte sich mit Altertumsgeschichte. Seine deutschen Liebeslieder erfreuten sich unter den Bewohnern Heidelbergs einer großen Beliebtheit, insbesondere beim schönen Geschlecht. Man konnte diese Gedichte für einige Kreuzer an den verschiedensten Punkten der Stadt kaufen.[16]

Der Dichter knüpfte gern an das Volks- und Gesellschaftslied an und verfaßte Texte zu damals beliebten Melodien. Manche dieser Gedichte, die Opitz am schönen Neckar schrieb, klingen auch heute noch anmutsvoll. Wir bringen nachstehend eines seiner bekanntesten Lieder, das voll jugendlicher Sorglosigkeit und Lebensfreude ist:

Hirten-Lied

Vff die Melodey,

Aupres du bord de Seine.

Ist jergend zu erfragen
Ein Schäffer an dem Rhein,
Der sehnlich sich beklagen

Muß vber Liebes pein,
Der wird mir müssen weichen,
Jch weiß ich brenne mehr,
Niemandt ist mir zu gleichen,
Vnd liebt er noch so sehr.

Es sein vorbey gegangen,
Jetzund zwey volle Jahr,
Daß Phyllis mich gefangen
Mit Liebe gantz vnd gar,
Daß Sie mir hat genommen
Gedancken, Muth, vnd Sinn,
Zwey Jahr ists, daß ich kommen
In jhre Liebe bin.

Seither bin ich verwirret
Gewesen für vnd für,
Es haben auch gejrret
Die Schaaffe neben mir,
Das Feld hab ich verlassen,
Gelebt in Einsamkeit,
Hab alles müssen hassen,
Was sonst der Hirten Frewdt.

Nichts hab ich können singen,
Als von dem klaren Licht,
Von jhr hab ich zu klingen
Die Lauten abgericht,
Wie sehr ich sie muß lieben,
Wie viel ich vff sie halt,
Das hab ich fast geschrieben,
An alle Bäum im Wald.

Kein Trincken vnd kein Essen,
Ja nichts hat mir behagt,
Jch bin allein gesessen,
Vnd habe mich beklagt,
Jn diesem schweren Orden
Jst alles vmbgewendt,
Die Herd ist mager worden,
Mich niemandt fast mehr kent.

Sie aber hat die Sinnen
Weit von mir abgekehrt,
Jst gar nicht zu gewinnen,

Als wer ich jhr nicht werth,
Da doch, was ich gesungen
Jm Britten Land erschallt,
Vnd meine Stimm getrungen
Biß durch den Bömer Waldt.

So hab ich auch darneben
Jch habe was bey mir,
Das ich nit wolte geben
Vmb alles Vieh alhier,
Das an deß Neckers rande
Jm grünen Grase geht:
Mein Nam wird auff dem Lande
Vnd in der Statt erhöht.

Jedoch nach diesem allen
Frag ich nit sonders viel,
Der Phyllis zu gefallen
Jch einig singen will,
Ohn sie mir nichts auff Erden,
Sey, was es sey, gefelt,
Kan jhre Gunst mir werden,
Hab ich die gantze Welt.[17]

Opitzens reiches poetisches Schaffen aus der Heidelberger Zeit, zusammen mit anderen seiner Gedichte, wurde im Jahre 1624 von Zincgref, dem Freunde des Dichters, herausgegeben. – Opitzens poetisches Talent und seine Geselligkeit machten den Schlesier in kurzer Zeit bei der studierenden, den Musen huldigenden Jugend beliebt. Mit Begeisterung griff sie die von Opitz aufgestellte Losung einer Dichtung in der Muttersprache auf und nahm sich seine neue Dichtung zum Vorbild. Zu den engsten Freunden des Schlesiers gehörten der später bekannte Philologe Caspar Barth, der in Heidelberg Opitz' Stubengenosse war, der Däne Heinrich Hamilton, Julius Wilhelm Zincgref, Balthasar Venator und andere.

Coler spricht in seiner *Laudatio Opitii* über die vom Dichter in Heidelberg geführte Lebensweise und tadelt seinen Liebeseifer: „Jedoch gleich wie große Geister ebenfalls auch fehltreten, und wie selten jemand auf den Helicon steiget, ohne daß er sich verirre und ausschweiffe; allso hat auch unser Opitz hierbey einen Fehltritt begangen, maassen er sich manchmal das schöne Geschlecht zu sehr einnehmen, und die lieblichen Gesänge der weiblichen Sirenen verführen lassen. Es ist dieses zwar ein Uebel, welches in der Jugend auch viele andre grosse Männer, und besonders die Dichter betroffen hat, die gemeiniglich rechte Meister in der

Liebe sind; allein deßwegen verlange ich es nicht unstrafbar zu nennen. Ich gestehe vielmehr zu, daß es alledings für einen Schandfleck der sonst auch noch so gutten Gemüthsart zu halten ist."[18]

Dieser „Fehltritt" des Dichters mußte Colers Zuhörern so wohl bekannt sein, daß man nicht mit Schweigen darüber hinweggehen konnte.[19]

Der Wunsch, eventuellen Folgen seiner Liebesaktivität zu entfliehen, hat möglicherweise mit beigetragen zu Opitz' Abreise nach Jütland, die man bisher ausschließlich der Gefahr, die von dem Heer Spinolas drohte, zugeschrieben hat. Noch am 1. September 1620 schreibt Opitz in einem Brief an Cunrad, daß er die allgemeine Furcht der Bewohner Heidelbergs vor den heranziehenden Söldnern Spinolas nicht teile und die Absicht habe, ein großes Gedicht zu schreiben, in dem er sich mit den Störern der Weinlese auseinandersetzen und sie zur Hölle jagen werde.[20] Es handelt sich dabei wahrscheinlich um den Plan der *Trostgedichte In Widerwertigkeit Dess Krieges.*

Opitz nützt eine sich bietende Gelegenheit und wird Reisebegleiter des jungen Dänen Friedrich a Buchwald–Pronstorff, der sich zur Rückreise in seine Heimat anschickte. Bis dahin war Opitz' dänischer Freund Albert Hamilton (eig. Albrechtsen) der Reisebegleiter und Präzeptor des jungen Buchwald. Hamilton, der vorläufig nicht in sein Vaterland zurückzukehren beabsichtigte, begab sich im Herbst 1620 in die Schweiz und später nach Frankreich.[21]

Noch bevor die Gefahr für Heidelberg seitens der Söldner Spinolas auftauchte, war Opitz' Plan zur „Flucht" nach Jütland bereits fertig. Er erwähnt nämlich diese Eventualität in seinem *Propemptikon*, den er anläßlich der Abreise David von Schweinitz' und Hans von Landskrons nach Leyden schrieb:

Haec si tamen, quod nescio, meis votis
Fata invidebunt, pareo tibi, Numen,
Ducique cupio, patriaque, si mandaes,
Extorris ipsa et ultimos petam Cimbros,
Ac si quid ipsis est remotius Cimbris.
Et hic ibique trames unus ad coelum est.[22]

In dem schon erwähnten Gedicht *Galathee* berichtet Opitz, daß er noch aus Frankfurt am Main nach Heidelberg zurückkehrte, um sich von der Geliebten zu verabschieden. Anfang Oktober schifft er sich zusammen mit Buchwald auf dem Rhein nach Holland ein. Während dieser Reise schreibt er ein dem von ihm verehrten Daniel Heinsius gewidmetes Gedicht, das er mit der Bemerkung versieht: „Perscriptum in Rheno flumine, mense Octobris anni MDCXX".[23] Kurz darauf lernte Opitz seinen niederländischen Meister persönlich kennen.

Indessen wird die Verlassene zum Gegenstand des Spottes. Hamilton bringt ihr in einem Gedicht „An eine gewisse Jungfrau“ die traurige Nachricht, daß der Nordwind ihren Geliebten weit übers Meer entführte.[24]

Am 22. Oktober, vermutlich kaum einige Tage nach der Ankunft in Leyden, trägt sich der Reisegenosse von Opitz, Buchwald, in das Album der dortigen Universität ein, und Opitz lernt den von ihm verehrten Heinsius persönlich kennen, auch wird er mit den namhaften Gelehrten Scriverius, Vossius und Rutgersius bekannt.[25] Während seiner Wanderungen durch die Niederlande bemüht sich Opitz, vieles zu sehen und zu lernen. Wie Coler berichtet, war er in Dordrecht Zeuge eines Gesprächs über die Verdammung des Arminianismus, und die Lehre, die er daraus zieht, bemüht er sich in seinen späteren Jahren zu nutzen und seinem Vaterland mit Rat zu dienen.[26]

Die weitere Reise führt den Schlesier durch Friesland und über die Nordsee nach Jütland, der Heimat seines Reisegenossen:

Nach den hin und wieder ziehen
Kam ich endlich doch hieher,
Galathee, weit über Meer:
Weiter kan ich nun nicht fliehen;
Weiter fliehen kan ich nicht,
Weil mir Wind und See gebricht.[27]

Auf Grund der letzten drei Verse ist anzunehmen, daß noch weiter gereist werden sollte, wahrscheinlich nach Kopenhagen, doch mit Rücksicht auf die zugefrorene Meerenge des Belt mußte von dieser Reise Abstand genommen werden. Es ist nicht ausgeschlossen, daß die beiden Reisenden auf dem Gute Gram am kleinen Belt unweit Hadersleben, das der Familie Buchwald gehörte, die mehrere Güter in Dänemark besaß, haltmachten.[28]

In dem Gedicht *De Reditu ex Chersoneso Cimbrica suo*[29] schildert der Dichter seinen sieben Monate währenden Aufenthalt in Jütland. In dieser Zeit gewöhnte er sich an das rauhe Klima, an die Menschen, die noch viel von der einstigen Schlichtheit in sich hatten, und da er stets nur die dänische Sprache vernahm, wurde sie ihm verständlich. Sie ermöglichte es ihm, die alten dänischen Lieder kennenzulernen, die er später in seiner *Deutschen Poeterey* erwähnt: „... der alten Cimbrer oder Dänen ebenmäßiger gebrauch, die von jhren Helden schöne vnd geistreiche Lieder ertichtet haben, deren nicht wenig von alten jahren her in Dennemarck noch verhanden sind, vnd von vielen gesungen werden.“[30]

Die einsame, idyllische Landschaft Jütlands, die zur Dichtung wie geschaffen schien, die Bücher, die dem Schlesier zur Verfügung standen, die starken Erlebnisse der letzten Zeit, all das spornte ihn zu weiterem Schaffen an. In Jütland entstand das Gedicht *Auf den Anfang des 1621. Jahres.*[31] Der Dichter besingt in ihm die Erschaffung der Welt, wobei er sich teilweise auf die Bibel, teilweise aber auf die *Metamorphosen* des Ovid stützt, deren Fragmente er fast wörtlich übersetzt. Hier auch schrieb Opitz das schon erwähnte Gedicht *Galathee*, in dem wir wichtige Mitteilungen über die Reise Opitz' von Heidelberg nach Dänemark finden.

Die bedeutendste Dichtung des Schlesiers aus dieser Zeit sind die *Trostgetichte In Widerwertigkeit Dess Krieges*, die im Frühling 1621 entstanden und die tragischen Ereignisse der ersten Jahre des Dreißigjährigen Krieges widerspiegeln. Der Plan dieses Werkes entstand, wie wir schon erwähnten, noch in Heidelberg als Antwort auf die von den Söldnern Spinolas verübten Greueltaten. In den Trostgedichten ruft der Dichter das deutsche Volk zum Kampf um die Freiheit auf und weist hin auf das nachahmenswerte Beispiel der Niederlande, die die Fesseln der Tyrannei zerrissen haben. Diese gegen die Habsburger gerichtete Tendenz der Dichtung bewirkte, daß ihre Veröffentlichung für Opitz, der inzwischen nach Schlesien zurückgekehrt war, höchst gefährlich geworden wäre. Trotzdem erwähnt sie der Dichter nicht ohne Stolz Ende 1621 in der Vorrede zu *Heinsii Lobgesang Jesu Christi.* „Vmb die Trostgedichte in widerwertigkeit des Krieges, derer ich verwiechenen Früling vier Bücher in Judlandt geschrieben, hat es solche beschaffenheit, das mir bey wehrendem zuestande sie in den Druck zue bringen guete freunde wiederrathen."[32] Erst dreizehn Jahre später wurde dieses Werk veröffentlicht. Der Dichter stand bereits im Dienste der Liegnitzer und Brieger Fürsten, die damals eine antikatholische und antikaiserliche Politik führten.[33]

Diese größte selbständige Dichtung von Opitz umfaßt vier Bücher und zählt über 2300 Alexandriner. Am Anfang macht der Dichter auf die Neuartigkeit und Wichtigkeit der Probleme aufmerksam, die er behandelt. Opitz beschließt, eine poetische Analyse des Krieges in seinen mannigfaltigen Erscheinungen zu geben. Seine Ausführungen sind überwiegend eine philosophisch-weltanschauliche Erörterung mit didaktisch-moralischen Tendenzen zur Besserung der verdorbenen Welt. Der Dichter bemüht sich, seine leidenden Landsleute zu ermutigen und Worte des Trostes zu finden, die ihnen helfen sollen, die schwere und tragische Zeit durchzuhalten.

Opitz malt in kräftigen Worten ein erschütterndes Bild des Krieges, der schon seit drei Jahren auf dem Gebiete des deutschen Kaiserreiches wütet:

> Der Acker fraget nun nach keinem grossen Bauen,
> Mit Leichen zugesäet; er fragt nach keinem Tauen,

Nach keinem Düngen nicht. Was sonst der Regen thut,
Wird jetzt genug gethan durch feistes Menschenblut.

Er schildert das furchtbare Schicksal der Landbevölkerung, die, wehrlos, nur in der Flucht ihr Heil suchen kann:

Der arme Bauersmann hat alles lassen ligen,
Wie, wann die Taube sieht den Habicht auff sich fliegen,
Und gibet Fersengelt; er selbst ist in das Land,
Sein Gut ist fort geraubt, sein Hof hinweg gebrandt,
Sein Vieh hindurch gebracht, die Scheuren umbgeschmissen,
Der edle Rebenstock tyrannisch außgerissen,
Die Bäume stehn nicht mehr, die Gärten sind verheert;
Die Sichel und der Pflug sind jetzt ein scharffes Schwert.

Noch fürchterlicher hat die Stadtbevölkerung zu leiden. Schon der bloße Gedanke an die heranziehenden feindlichen Horden erfüllt sie mit Verzweiflung und einem Entsetzen, das sich schwer beschreiben läßt. Der Dichter steigert noch dieses grauenvolle Bild in der Beschreibung der Eroberung einer Stadt:

Deß Rauches Wolcken sind den Wolcken gleich gestiegen,
Der Feuerflocken See hat alles überdeckt
Und auch den wilden Feind im Lager selbst erschreckt.
Das harte Pflaster hat geglüet und gehitzet,
Die Thürne selbst gewanckt, das Erz darauff geschwitzet;
Viel Menschen, die der Schaar der Kugeln sind entrannt,
Sind mitten in die Glut gerathen und verbrannt
Sind durch den Dampff erstickt, verfallen durch die Wände;

Den Höhepunkt bildet die Schilderung der von den Landsknechten verübten Verbrechen, nachdem sie den Widerstand gebrochen hatten und in die Stadt eingedrungen waren:

Der Alten graues Haar, der jungen Leute Weynen,
Das Klagen, Ach und Weh der Grossen und der Kleinen,
Das Schreyen in gemein von Reich und Arm geführt
Hat diese Bestien im minsten nicht gerührt.
Hier halff kein Adel nicht, hier ward kein Stand geachtet,
Sie musten alle fort, sie wurden hingeschlachtet,
Wie wann ein grimmer Wolff, der in den Schaffstall reißt,
Ohn allen Unterscheyd die Lämmer nider beißt.
Der Mann hat müssen sehn sein Ehebette schwächen,
Der Töchter Ehrenblüth' in seinen Augen brechen,
Und sie, wann die Begier nicht weiter ist entbrandt,

Unmenschlich untergehn durch ihres Schänders Hand.
Die Schwester ward entleibt in ihres Bruders Armen,
Herr, Diener, Frau und Magd erwürget ohn Erbarmen,
Ja, die auch nicht geboren, die wurden umgebracht,
Die Kinder, so umbringt gelegen mit der Nacht
In ihrer Mutter Schoß; ehe sie zum Leben kommen,
Da hat man ihnen schon das Leben hingenommen: . . .[34]

Indem der Dichter diese ungeheuren Greuel des Krieges schildert, macht er den Christen den Vorwurf, daß sie in der Bestialität die Heiden weit übertroffen haben. Not, Seuchen und moralischer Verfall der Gesellschaft, das sind die Früchte des Krieges. Recht und Religion sind in Fesseln gelegt, und die Kunst wurde begraben. Doch nicht unverschuldet – meint der Dichter – wurde das Volk von dieser Strafe heimgesucht. Davon zeugen am besten die zahlreichen Zeichen, die am Himmel und auf Erden zu sehen waren. Der Dichter tröstet die vom Krieg gehetzten Menschen in der Überzeugung, daß alle, die diese schweren Zeiten überleben, aus ihnen moralisch erneuert hervorgehen werden. Darum hat der Krieg, der ein Werk des Satans ist, auch positive Folgen.

Opitz versucht am Beispiel Roms zu zeigen, daß auch der Friede zu einer verheerenden Demoralisierung und zum völligen Verfall eines Staates führen kann. Kurz darauf verläßt er jedoch diese geschichtlichen Erwägungen, um sich wieder der traurigen Wirklichkeit zuzuwenden. In kräftigen Worten prangert er den unter dem Deckmantel der Religion geführten Krieg an, dessen Ziel die Vernichtung des ganzen deutschen Volkes ist. Diesen Krieg haßt er aus tiefstem Herzen. Die rücksichtslosen Kriegsmethoden werden niemanden zum Christen machen:

. . . Was macht doch ihr Tyrannen?
Was hilfft, was nutzet euch das Martern, das Verbannen,
Schwerd, Feuer, Galgen, Radt? Gezwungen Werck zerbricht,
Gewalt macht keinen fromm, macht keinen Christen nicht.
Es ist ja nichts so frey, nichts also ungetrungen,
Als wol der Gottesdienst; so bald er wird erzwungen,
So ist er nur ein Schein, ein holer falscher Thon.
Gut von sich selber thun, das heist Religion. . .[35]

Das Beispiel Christi zeigt, wie man Leiden ertragen soll. Indem er der Hoffnung auf die Gerechtigkeit Gottes Ausdruck verleiht, bringt der Dichter sein erstes Buch zum Abschluß.

Auch in den weiteren Teilen dieser Dichtung entwickelt Opitz seine philosophischen Erwägungen, Reflexionen und Gedanken. Er versucht zu trösten und zu belehren, bringt zahlreiche Beispiele und zieht aus ihnen Schlußfolgerungen. Er beginnt mit der Feststellung, daß es die Aufgabe des Dichters sei, Lebensweisheit zu lehren, den Menschen den richtigen Weg zu weisen und ihnen Mut einzuflößen. Diese moralisch-didaktischen Tendenzen stehen in krassem Widerspruch zu den Dichtungen Homers und anderer Dichter des Altertums, die er verurteilt, weil sie fürchterliche Verbrechen dichterisch verherrlicht haben. Die neue Dichtung, lehrt Opitz, steht höher als die des Altertums und sollte zum untrüglichen Wegweiser im Leben des Menschen werden.

Zum eigentlichen Thema zurückkehrend, macht der Dichter darauf aufmerksam, daß das menschliche Individuum ewigen Naturgesetzen unterliegt und diesen sich unterordnen muß. Das Bewußtsein dieser Notwendigkeit befähigt den weisen Menschen, Verfolgungen und Mißerfolge zu ertragen. Weder Not noch Gefängnis können ihn brechen, denn er wird mit Entschiedenheit und Ausdauer um seine Freiheit kämpfen:

> . . . Die Freyheit wil gedruckt, gepreßt, bestritten werden,
> Wil werden auffgeweckt (wie auch die Schoß der Erden
> Nicht ungepflüget trägt) sie fordert Widerstand,
> Ihr Schutz, ihr Leben ist der Degen in der Hand.[36]

Der Dichter illustriert seine Ausführungen mit Beispielen aus der Geschichte und erinnert daran, daß nichts Irdisches ewig währt. Darum auch muß man mannhaft und mutig die Schläge des Schicksals ertragen und bei Verlust des Vermögens und selbst der nahesten Menschen nicht zusammenbrechen. Das einzige Dauerhafte, das wir besitzen, ist unsere innere Freiheit, unsere Tugend.

Im dritten Buch befaßt sich der Dichter mit Erwägungen über Krieg und Frieden. Sein Ideal ist der edle Friede, der eine unerläßliche Voraussetzung der wirtschaftlichen, kulturellen und moralischen Entwicklung der Menschheit ist. Im Gegensatz dazu sind die Früchte des Krieges Verbrechen und Rechtlosigkeit. Dies betrifft vor allem den Eroberungskrieg, der die schärfste Verurteilung verdient. Nur in einem Falle ist es gestattet und muß gekämpft werden, und zwar um die Freiheit zu verteidigen, denn auf diese hat jeder Mensch ein Recht. Die Geschichte lehrt, daß dort, wo die Freiheit unterdrückt wurde, das Endresultat immer die Niederlage der Tyrannen war. Gewalt und Unrecht werden schon auf Erden bestraft. Als Beispiel führt Opitz das Schicksal von Karl IX. und Tiberius an.

Der Dichter ruft die Protestanten zum Kampf für die Freiheit und zur Verteidigung des Vaterlandes auf und weist als nachahmenswertes Beispiel auf das siegreiche Ringen der heldenhaften Niederländer mit dem spanischen Despotismus hin. Mögen auch die Deutschen ihren Spuren folgen und den Rhein von den Söldnern Spinolas befreien. Den Taten des Volkes aber sichert die Dichtung Unsterblichkeit zu. Von tiefgefühltem Humanismus sind die Worte durchdrungen, in denen der Dichter von der Pflicht, die Unterdrückten zu verteidigen, spricht. Wer aber in diesem Kampf die Stellung eines gleichgültigen Beobachters einnimmt, der ist ein Verbrecher:

Wer dem, der unrecht stirbt, nicht beyspringt in der Noth
Und seinem Feinde wehrt, der schlägt ihn selber tod.
Der aber ist fürwar den Göttern zu vergleichen
Und weit mehr, als ein Mensch, der seine Hand wil reichen
Der unterdrückten Schar, die Rettung bey ihm sucht
In Widerwertigkeit, und nimpt zu ihm die Flucht. . .[37]

Im vierten Buch entwickelt der Dichter weitere Gedanken, die als Quelle der Hoffnung und des Trostes dienen können. Wenn aber alles versagt, dann bleibt immer noch ein Weg offen, sich von der Not zu befreien: der Tod, um den es in Zeiten des Krieges nicht schwer ist. Opitz malt in naturalistischen Farben jene Strafen, die die lasterhaften Menschen ereilen werden, und stellt ihnen das Schicksal der Gerechten entgegen. Der Dichter beschließt sein Werk mit einem Gebet, in dem er Gott bittet, ihn mit Mut und Tapferkeit auszustatten.

Vergebens würden wir in Opitz' Gedicht tiefe religiöse Gefühle und dogmatische Kompromißlosigkeit suchen. Obwohl er sich in diesem konkreten Falle auf die Seite der Protestanten stellt, steht der Dichter unverkennbar auf dem Standpunkt der Toleranz und Religionsfreiheit. Er verteidigt nicht diese oder jene Wahrheiten des Glaubens und verurteilt nicht die religiösen Ansichten seiner Gegner, er wendet sich einzig gegen die politische und soziale Praxis der Habsburger, die unter dem Deckmantel der katholischen Religion ihren Anschlag auf die Freiheit des deutschen Volkes zu verbergen suchen. Die Forderung nach religiöser Toleranz und Glaubensfreiheit wurde von vielen fortschrittlichen Bewegungen des damaligen Europas erhoben. Schon in Beuthen kam Opitz mit dieser Ideologie, die von den Arianern gepredigt wurde, in Berührung. In späteren Jahren wurde er zum aktiven Mitglied der sogenannten „irenischen Bewegung", die sich auf das Prinzip der religiösen Toleranz stützte, und arbeitete mit Hugo Grotius, Bernegger und anderen zusammen. Diesen auf rationalistischen Grundsätzen aufgebauten Anschauungen blieb Opitz bis zu seinem Lebensende treu.

In seinen *Trostgedichten* beachtet Opitz konsequent den jambischen Fluß der Verse, behält die Zäsur nach dem dritten Fuß bei und verwendet paarige Reime. Er ist überzeugt, daß er in metrischer Hinsicht den Dichtern der Antike gleichkommt und, mit Rücksicht auf den christlichen Inhalt seiner Gedichte, diese sogar übertrifft. Die gleiche Ansicht vertraten mit ihm auch seine Zeitgenossen. Die Sprache in Opitz' Werken ist, im

Verhältnis zu dem, was vor ihm war, rein und klangvoll und bildet einen Meilenstein auf dem Wege zu einer gesamtnationalen Sprache.

Der Dichter macht gerne von Metaphern Gebrauch, bedient sich oft der Superlative und wendet krasse Gegenüberstellungen an. Seine Ausführungen haben allgemeinen Charakter, sie entspringen mehr dem Verstand als dem Gefühl, und sogar seine Naturschilderungen beschränken sich auf schematische Formeln.

Die *Trostgedichte*, unzweifelhaft zu den ehrgeizigsten Schöpfungen des Dichters gehörend, fanden bei den Zeitgenossen volle Anerkennung. Das verdanken sie vor allem ihrem Gehalt, der es gestattet, über manche künstlerischen Schwächen dieses Werkes hinwegzusehen.

In Jütland konnte der Dichter sicher und zufrieden leben, aber die Sehnsucht nach der Heimat ließ ihn nicht zur Ruhe kommen. Er begab sich also im Sommer 1621 mit einem Segelschiff von Dänemark nach Lübeck. Als infolge Windstille das Schiff gezwungen war, sechs Tage auf offener See zu treiben, verewigte Opitz seine Erlebnisse in einem lateinischen Gedicht *De Reditu ex Cheroneso Cimbrica suo, an. MDCXXI.*[38] Von Lübeck eilte er voll Unruhe nach Hause, nach dem wieder unter die Herrschaft der Habsburger geratenen Schlesien, ungewiß, wie sich sein Leben weiter gestalten würde. Der Dichter kam nicht mit leeren Händen. Er brachte seine fern der Heimat entstandenen, nicht unbedeutenden Gedichte mit. Kurz darauf nahm er die Verbindung mit dem Verleger seiner Jugendgedichte, Johann Rhambau, wieder auf, und schon Ende des Jahres 1621 erscheint in Görlitz seine Übersetzung von Heinsius' *Lobgesang Jesu Christi*,[39] die Opitz vor zwei Jahren in Heidelberg beendet und deren Handschrift er im Januar 1620 Heinrich Albert Hamilton geschenkt hatte. Das gedruckte Werk aber widmet der Dichter seinem Freund und Vetter Caspar Kirchner, indem er daran erinnert, daß gerade Kirchner es war, der sich die Gunst Heinsius' erworben und Opitz zu der Übersetzung veranlaßt hatte. Auch Professor Janus Gruter ermutigte den Schlesier vor Jahren in einem lateinischen Gedicht zu der Übersetzung dieses Werkes. Der *Lobgesang* von Heinsius ist eher eine Abhandlung als ein poetisches Werk und ist überlastet mit enzyklopädischem Wissen. Vielleicht war es gerade dieser Umstand, der die warme Aufnahme bei den Zeitgenossen bewirkte und sie zu Nachahmungen ansporne. Opitz selbst schrieb nach diesem Vorbild ein Gedicht unter dem Titel *Lobgesang vber den Frewdenreichen Geburtstag Vnseres HErrn vnd Heilandes JEsu Christi*, und auch Andreas Tscherning trat in Heinsius Spuren. Auch Opitz' *Trostgedichte In Widerwertigkeit Dess Krieges* sind für den Druck fertig, doch aus politischen Gründen raten ihm seine Freunde, von einer Herausgabe abzusehen.[40]

Der Dichter bemühte sich eifrig, irgendein Amt in Schlesien zu erlangen, was doch damals, angesichts der schweren wirtschaftlichen Lage infolge der Kriegshandlungen, nicht leicht war. Er setzte bestimmte Hoffnungen auf den Liegnitzer Hof des Fürsten Georg Rudolf, des schlesischen Oberlandeshauptmanns, denn an diesem Hofe lebten seine besten Freunde, die fürstlichen Räte Caspar Kirchner und Bernhard Wilhelm Nüßler. In einem Anfang Februar 1622 geschriebenen deutschen Gedicht betrauert der Dichter den Tod der Fürstin Sophie Elisabeth, der Gattin Georg Rudolfs.[41]

Im gleichen Monat, zur Fastnacht, gibt der Dichter die poetische Übersetzung des heiteren Werkes von Heinsius *Lobgesang Bacchi* heraus. Bemerkenswert ist die Widmung an den Niederländer Wilhelm Verlingen, in der es unter anderem heißt: „... desshalben die ergetzungen meines gemütes lieber euch, meinem rechtschaffenen freunde, zuschreibe als denen, welche nichts als das haben was ich entweder nicht begehre oder noch bekommen kan, vnd das was ich habe nicht bekommen können...“[42]

Um diese Zeit weilte Opitz abwechselnd in Bunzlau und Liegnitz, besuchte auch seine ehemalige Geliebte Asteria (Rosina) in Görlitz, die er trotz seiner Liebesabenteuer am Neckar noch nicht vergessen konnte.[43]

Im Frühling 1622 bietet sich Opitz endlich eine Gelegenheit, seine schwierige materielle Lage zu verbessern. Um diese Zeit nämlich kam an den Hof des Piastenfürsten Johann Christian in Brieg ein Bote des Fürsten von Siebenbürgen, Bethlen Gabor, namens Magdeburger, um für das akademische Gymnasium in Weißenburg drei oder vier reformierte Professoren anzuwerben.[44]

Herzog Johann Christian kam den Wünschen Bethlen Gabors nach und empfahl Magdeburger rechtgläubige, sittliche, vielseitig gebildete Männer und Jünglinge, die bereits Proben ihrer erzieherischen Fähigkeiten gegeben hatten, indem er diese gleichzeitig brieflich dazu ermutigte, diesen so günstigen Vorschlag anzunehmen. Unter den fünf empfohlenen Kandidaten befanden sich Opitz' ehemaliger Professor im akademischen Gymnasium zu Beuthen an der Oder, Balthasar Exner, und Opitzens Freund Caspar Kirchner; beide lehnten den Vorschlag ab. Der dritte war Jacob Copius, vermutlich ein Mitglied der bekannten schlesischen Familie Kopisch, damals Präzeptor der Barone von Schwamberg. Im Juli reiste er nach Siebenbürgen. Und schließlich als vorletzten nannte Johann Christian Martin Opitz, „ex academia Heidelbergensi pridem, Belgio item ac peregrinatione Danica redux“.[45]

Wie Coler in seiner *Laudatio* berichtet, wurde Opitz dem Herzog von dem uns schon bekannten Arzt und Breslauer Dichter Caspar Cunrad empfohlen.[46] Über das Schicksal des letzten Kandidaten, Johann Origanus, eines Neffen des berühmten Mathematikers, fehlt es an genaueren

Angaben. Der einzige, der sich sofort zur Abreise entschloß, war Martin. Er reiste noch im Mai, vermutlich zusammen mit Magdeburger, ab. Das Datum der Abreise läßt sich genau auf Grund von zwei datierten Gedichten von Opitz an seinen Freund, den Rat des Liegnitzer Fürsten, Michael Bartsch, feststellen. Das erste Gedicht ist unterzeichnet „Mart. Opitius iter Panonicum moliens raptim scripsit Bolesl. Sil. Non. Maj. A. 1622" (7. 5. 1622).[47]

Von Bunzlau begab sich der Dichter nach Brieg. Das Empfehlungsschreiben Johann Christians an Bethlen Gabor trägt das Datum des 14. Mai 1622, und schon am 31. Mai schreibt Opitz in Kaschau ein zweites lateinisches Gedicht an Michael Bartsch. In diesem Gedicht gibt der Dichter als Grund für das Verlassen des Vaters, der Freunde und vor allem Caspar Kirchners und seines Mädchens folgendes an: „ut solent novarum ques ardet facilis cupido rerum."[48]

Im nächsten Monat kommt Opitz in Weißenburg, der Residenzstadt Bethlen Gabors, an. Schon am 1. Juli hält er im Dom in Anwesenheit des Fürsten und der staatlichen Würdenträger eine lateinische Rede zu Ehren der verstorbenen Gemahlin Bethlens, Susanne Karolya.[49]

Die Beziehungen zu den Hofleuten und Professoren der fürstlichen Schule gestalteten sich nicht befriedigend, trotz der angeborenen Fähigkeit des Dichters, Freunde zu gewinnen. Dies bezieht sich hauptsächlich auf die Ungarn, die keinen Grund hatten, dem zu günstigeren Bedingungen aufgenommenen Ankömmling ihre Sympathie zu bezeigen.[50] Der Fürst selbst führte seine innerstaatliche Korrespondenz in ungarischer Sprache, und das Lateinische war sogar bei der herrschenden Klasse ungebräuchlich. Der Unwille, auf den Opitz bei den Ungarn stieß, fand seinen Niederschlag auch in den Werken des Dichters. Im *Lob des Kriegsgottes* schreibt er:

> ... Du machst, O Menschenwürger (Mars),
> Daß jener diesen hier, der Junker einen Bürger,
> Und er den Bauersmann, der reich ein armes haßt,
> Ein Weltkind geistlichs Volck. Der Unger redet fast
> Dem Deutschen übel nach. . .[51]

Darum verläßt auch Opitz so oft als möglich Weißenburg und begibt sich zu seinem Freund Heinrich Lisabon, dessen Vorfahren, die aus den Niederlanden stammten, von Alba verfolgt, ihr Vaterland verlassen mußten und sich in Siebenbürgen niederließen. Lisabon war Verwalter einer Goldgrube in Zlatna, das etwa einige Dutzend Kilometer vom Sitz Bethlens entfernt war. Hierhin entflieht der Dichter vor dem beschwerlichen, unruhigen Hofleben. Die Frucht dieser Ausflüge ist ein Gedicht, das den Titel trägt *Zlatna oder von ruhe dess gemüthes*.[52]

Dieses Gedicht wirft ein interessantes Licht auf Opitz' Aufenthalt in Siebenbürgen. In Zlatna (Opitz weist darauf hin, daß dieser Name wendisch Gold bedeutet)[53] fühlt sich Opitz frei wie ein Vogel, er macht Ausflüge in die Umgebung und studiert die Inschriften auf den alten römischen Grabsteinen, die Jahrhunderte überdauert haben und von der Herrschaft der Römer in diesen Gebieten zeugen. Die Aufmerksamkeit des Dichters wird auf die armen Bauern der Umgebung gelenkt, die sich der rumänischen Sprache bedienten, die dem Dichter dank seiner Kenntnis des Lateinischen verständlich war.

Auf Grund der Sprachverwandtschaft und der Sitten und Gebräuche dieser unterdrückten Schicht Siebenbürgens gelangte der Dichter zu der Schlußfolgerung, daß diese Bevölkerung römischer Abstammung sei:

> ... Doch ewre [der Römer] Sprache bleibt noch hier auff diesen Tag,
> Darob man sich gewiß gar billich wundern mag.
> Jtalien hat selbst nicht viel von seinem alten,
> Jngleichen Spanien vnd Gallia behalten:
> Wie wenig diese nun den Römern ehnlich sein,
> So nahe sind verwandt Walachisch vnd Latein.
> Es steckt manchs edles Blut in kleinen Bawrenhütten,
> Das noch den alten brauch vnd der Vorfahren sitten
> Nicht gäntzlich abgelegt. Wie dann jhr Tantz anzeigt,
> Jn dem so wunderbar gebückt wird vnd geneigt,
> Gesprungen in die höh', auff art der Capreolen,
> Die meine Deutschen sonst auß Franckreich mussen holen,
> Bald wird ein Kreiß gemacht, bald wiederumb zutrant,
> Bald gehn die Menscher recht, bald auff der lincken hand,
> Die Menscher, die noch jtzt fast Römisch muster tragen,
> Zwar schlecht, doch witzig sein, viel dencken, wenig sagen.[54]

Die letzten Verse beziehen sich vermutlich auf rumänische Mädchen, bei denen der Dichter Züge entdeckte, die auch den Römerinnen eigen waren. Schon kurz nach seiner Ankunft in Siebenbürgen bezauberte ihn eine „grata Vandala", bei der er, wie er behauptet, „ein erlaubtes und würdiges Vergnügen fand"[55] und der er viel Zeit widmete. Auch aus anderen Strophen des Gedichtes *Zlatna* gewinnt man den Eindruck, daß die Worte dem persönlichen Erleben des Dichters, seinen am Hofe Bethlens erduldeten Demütigungen entströmen:

> ... Eh' als er audientz (verhör das ist zu schlecht)
> Ein mal erlangen kan, vnd vngerechtes Recht.
> Da pralet einer her mit grossen weiten schritten.

Der, wann ein guter mann jhn hat vmb was zu bitten,
Der besser ist als er, vnd viel mehr weiß vnd kan,
So sicht er jhn doch kaum halb über Achsel an,
Vnd fertigt jhn kahl ab. Bald trifft sich eine Stunde,
Wann der Fürst mucken hat, so geht der Held zu grunde
Der hoch am Brete war, vnd kriegt ein newer gunst,
So bloß vom Glücke kömpt nicht von verdienst vnd kunst,
Die hier dahinden steht. . .[56]

Opitz beschuldigt die großen Herren des Landesverrates, den sie aus persönlichem Ehrgeiz begehen und darüber hinaus noch mit dem adeligen Meineid bekräftigen. Es ist wahrscheinlich, daß diese Worte Bethlen Gabor betreffen, der eine überaus wankelmütige Politik betrieb. Darauf äußerte der Dichter voll Stolz, daß er nie ein dienstbeflissener Höfling sein werde.

. . . Kein Herr der solte mich sehn bey dem Wagen gehn,
Vnd mit der Hoffepursch vor seiner Taffel stehn.[57]

In demselben Gedicht gibt Opitz auch seiner Sehnsucht nach dem Landleben Ausdruck. Er will sich ein Grundstück erarbeiten, so daß er von niemandem abhängig wäre und die von wirtschaftlichen Arbeiten freie Zeit ganz der Wissenschaft und der schriftstellerischen Tätigkeit widmen könnte.

Einige Hinweise auf Opitz' Leben und Wirken in jener Zeit finden wir auch in dem an den schon früher erwähnten Jacob Kopisch gerichteten Gedicht. Kopisch verließ Siebenbürgen, enttäuscht durch die Verhältnisse, die er dort vorfand, schon nach einigen Monaten und kehrte nach Schlesien zurück.[58] Opitz beneidet ihn darum, beklagt sein immer ungünstiges Schicksal und kündigt auch seine Heimkehr an, wenn das nächste Jahr für ihn glücklich sein sollte. Er gibt uns ein Bild seiner täglichen Beschäftigung: Morgens erläutert er, soweit dies möglich ist, seinen „Hunnen" den Cicero, nachmittags den Horaz, wenn er nicht gerade vom Fürsten selbst in Anspruch genommen ist, den er auch mit gehörigem Fleiß lehrt. Die freie Zeit verbringt er weit von der höfischen Gesellschaft mit Studien antiker Werke der Griechen und Römer, die er in Leben und Dichtung nachzuahmen versucht; er denkt nämlich an eine Schrift, die Cato selbst gefallen würde.

Diese Worte gelten dem Werk *Dacia antiqua*, an dem er mit Unterbrechungen bis an sein Lebensende arbeitete. Es ging, wenn es überhaupt jemals zu Ende gebracht worden war, leider nach dem Tode des Dichters verloren, und darum wird schon seit Jahrhunderten eine Diskussion über den Charakter dieses Werkes geführt. Unrichtig scheint die These zu sein, daß es sich nur um eine Sammlung von römischen Grabschriften aus

Dacien und ihre eventuelle archäologische Interpretation handelte. Verschiedene Andeutungen in der Korrespondenz und vor allem der Reisepaß, den Opitz im Jahre 1626 zwecks wiederholter Reise nach Siebenbürgen von Bethlen erhielt, weisen darauf hin, daß es sich hier vielmehr um die Bearbeitung einer Geschichte Daciens handelte, die er dann bis zur Gegenwart weiterführen wollte. Dieser Reisepaß, der am 14. April 1626 in Kronstadt ausgestellt wurde, enthält folgende Motivierung: „Vir Excellens Martinus Opetius, curas fideles et syncreas rei literariae impendens historiam Daciae antiquae cum moderno eius statu ex probatis authoribus diligenter collectam typis evulgare, utique maioris fidei argumentis opus suum muniat, quae hodierno die in regno nostro Transilvaniae exstant monumenta, ipsemet exactius investigare et cum fide historica conferre; ob ideoque ex Silesia in Transylvaniam venire constituit.“[59]

Opitz sandte seine in Siebenbürgen gesammelten Inschriften dem von ihm verehrten Heidelberger Professor Janus Gruter, der die Absicht hegte, seinen *Thesaurus* nochmals herauszugeben.[60] Opitz' Sammlung umfaßte einige Dutzend Inschriften. Sie wurden von ihm mit großer Sorgfalt von den Denkmälern abgeschrieben und mit Anmerkungen versehen: „vidit Opitius“, „descripsit Opitius“ oder „ab Opitio erutum“.[61] Mommsen schätzt diese Arbeit des Schlesiers sehr hoch ein: „Exempla Opitii optima sunt ordinem nexusque literarum acurate imitantur“.[62]

Die Pläne Opitz' zur Erforschung der antiken Geschichte waren sehr kühn. Er hegte sogar die Hoffnung, daß es ihm, dank der guten Beziehungen, die damals zwischen Bethlen und der Türkei bestanden, gelingen würde, an einer diplomatischen Reise teilzunehmen, die ihn bis nach Griechenland bringen sollte:

> ... Ich hatte wol vermeynt, auch schon mir vorgenommen,
> Zu dir, O Grecien, in kurtzer Zeit zukommen,
> Du werthe Nachbarin: ich dachte gantz auff dich,
> Und wolte nun dahin wo Hemus unter sich
> Die Wolcken selber läst, hier da vor alten Zeiten
> Der Thracier Poet gespielet auff den Seiten...
> Olympus stund mir schon wie gleichsam im Gesichte,...
> Ich hätte mich auch wol bis auff Athen gewand,
> Und auff die Stadt so sonst Zweymeerig wird genand;
> Corinth ich meyne dich...[63]

Eine Krankheit hinderte jedoch den Dichter daran, diesen Plan auszuführen.

Trotz lebhafter dichterischer Tätigkeit, interessanter Denkmäler alter Kultur und seiner Vandala, fiel Opitz der Aufenthalt in Siebenbürgen zur

Last. In dem einzigen aus dieser Zeit erhalten gebliebenen Brief, den er am 20. Januar 1623, kurz nach einer glücklich überstandenen schweren Krankheit, an Caspar Cunrad richtete, klagt der Dichter unter anderem darüber, daß er Schwierigkeiten habe, das ihm für seine Arbeit vom Fürsten zustehende Geld herauszubekommen.[64] Auch seine Wohnverhältnisse waren nicht gut. Im Laufe eines halben Jahres mußte der Dichter achtmal seine Wohnung wechseln, denn „hier werden keine Wohnungen gebaut, sondern mit Stroh bedeckte Höhlen, die den Löchern wilder Tiere weit ähnlicher sind als menschlichen Behausungen". In diesem Briefe berichtet er auch darüber, daß der Fürst wieder zu einer Reise Vorbereitungen treffe, angeblich um sich eine Frau aus Polen zu holen. Die Heiratsangelegenheit sollte jedoch dem kriegslustigen Bethlen nur als Vorwand dienen, um seine Vorbereitungen zu einem neuen Heereszug gegen Kaiser Ferdinand II. zu verbergen. Opitz wußte bestimmt von diesen Kriegsvorbereitungen und war dadurch sehr beunruhigt. Während der langen Abwesenheit des Fürsten verschlimmerte sich die Lage des Dichters noch mehr, und der strenge Winter verleidete ihm gänzlich den Aufenthalt in Siebenbürgen. Die Kriegsvorbereitungen, die von seinem Herrn getroffen wurden, waren ein Grund mehr dazu, das den Dichter bindende Verhältnis zu lösen und so rasch wie möglich in die ersehnte schlesische Heimat zu reisen.

Den heimkehrenden Fürsten begrüßt Opitz in heißen Worten in einem lateinischen Gedicht und bittet um die Erlaubnis, in seine Heimat zurückkehren zu dürfen.[65] Befreit von den ihm zur Last gewordenen Pflichten, hält sich Opitz vermutlich noch eine Zeitlang bei seiner Vandala auf. A. Herrmann nimmt an, daß sich folgende Verse darauf beziehen:[66]

> ... Ich kan mich zwar zu dir begeben
> Jetzt wann ich wil, mein Vaterland,
> Nun ich befreyt bin von dem Leben
> Bey dem kein Glück ist und Bestand:
> Doch hält mich noch der Liebe Band,
> Der ich zu schwach zu wiederstreben. . .[67]

Endlich verläßt Opitz Siebenbürgen und kehrt zu seinen ihn erwartenden schlesischen Freunden zurück. Während der Heimreise schreibt er das schon erwähnte Gedicht, in welchem er des Planes einer Griechenlandreise gedenkt, und nimmt von allem Abschied, was er in Siebenbürgen als angenehm empfand.[68] Während des in Bethlens Diensten verbrachten Jahres schrieb Opitz außer der *Zlatna* und einigen kleineren Gedichten eine Dichtung unter dem Titel *Lobgesang vber den Frewdenreichen Geburtstag Vnseres HErrn vnd Heilandes JEsu Christi.* Am Schluß spricht sich der Dichter gegen die anhaltenden Kriege und den religiösen Hader aus, der die Deutschen entzweit, und in einer Bitte an Gott fleht Opitz um die Wiedervereinigung des deutschen Volkes.[69]

Nach seiner Rückkehr nach Schlesien bereitete er die Herausgabe dieser Dichtung vor.[70] Bei Sebastian Koch in Liegnitz druckte er seine *Zlatna,* die er Heinrich von Stange widmete. In der am 9. August in Parchwitz geschriebenen Widmung, wo er nochmals eine Zusammenfassung seiner Eindrücke von dem einjährigen Aufenthalt in Siebenbürgen vornimmt, lesen wir unter anderem: „Dann ob mir wol verwichenes Jahr, als ich in Siebenbürgen wohnete, Lufft, Wasser vnd alles, wessen vnsere Dürfftigkeit nicht entperen kan, schienen zu wider seyn, ja auch des Volckes daselbsten sitten, Sprachen, reden vnd gedancken meiner Natur gantz entgegen waren; habe ich doch auch in jenen örtern gefunden, was wir zu zeiten in diesem vergebens suchen. . .“[71]

Im selben Jahre erschien auch noch ein anderes Gedicht von Opitz, das er noch vor Jahren, während der Studien, schrieb unter dem Titel *Lob des Feldlebens.* Es ist nach dem Vorbild des Horaz geschaffen. Der Verfasser stellt dem unruhigen und unlauteren Hofleben, dem Wucherer- und Händlerbetrieb in den Städten das arbeitsreiche, ehrliche Landleben entgegen.[72]

In den ersten Tagen des Januar 1624 veröffentlichte Sebastian Koch den in Siebenbürgen geschriebenen *Lobgesang vber den Frewdenreichen Geburtstag Vnseres HErrn vnd Heilandes JEsu Christi.*[73] Da Opitz weiterhin ohne ständige Beschäftigung war, arbeitete er mit Beharrlichkeit an der Geschichte Daciens, bereicherte sein poetisches Schaffen um neue Dichtungen, schrieb Gelegenheitsgedichte, in denen er verschiedene Ereignisse aus dem Leben seiner Freunde und Bekannten besang. Der Dichter wechselte oft seinen Wohnort und weilte meistens in Liegnitz an der Seite Georg Rudolfs.

Nach der Rückkehr aus Siebenbürgen verbrachte Opitz, da in Bunzlau die Pest wütete, zwei Monate in Warmbrunn bei Ulrich Schaffgotsch, dem Schwager des Herzogs Georg Rudolf. Von diesem ermutigt, schrieb er eine Biographie des Barons von Pless, Siegfried Promnitz, der im Jahre 1623 verstorben war.[74] In der an Schaffgotsch gerichteten Widmung spricht Opitz darüber, wie schwer es ist, da es an Quellenmaterial mangelt, die Geschichte vergangener Zeiten zu schreiben. Andererseits sei die Arbeit an der zeitgenössischen Geschichte gefährlich, da man die gegenwärtigen Machthaber, die sich von den Worten des Geschichtsschreibers beleidigt fühlen könnten, fürchten muß. Eben aus diesen Gründen kann die Geschichte des gegenwärtig tobenden Krieges vorläufig nicht geschrieben werden. Man muß deshalb diese Arbeit aufschieben; die Biographie von Promnitz sei nur ein kleiner Beitrag zu dem Thema.[75]

POETIK UND GEDICHTE

Noch während der Studien in Heidelberg sammelte Opitz seine Gedichte, und vor seiner Abreise nach Dänemark übergab er das Manuskript, mit einem Vorwort versehen, seinem Freunde Julius Zincgref, der die Absicht hatte, diese Sammlung herauszugeben.[1] Doch die ungünstige Entwicklung der politischen Ereignisse und die schwere materielle Lage Zincgrefs verzögerten die Verwirklichung dieses Vorhabens beträchtlich. Erst im Jahre 1623, als Zincgref den Posten eines Dolmetschers bei dem französischen Diplomaten Marescot in Straßburg übernahm, trat eine gewisse Stabilisierung in seinem persönlichen Leben ein, so daß er die Herausgabe der Opitzschen Gedichte in Angriff nehmen konnte.

Zincgref beschränkte sich nicht nur auf das vor Jahren vom Dichter erhaltene Material. Witkowski bemerkt treffend, daß die ursprüngliche Sammlung der Gedichte mit dem Gedicht *Beschluß Elegie* endete. Zincgref fügte den *Aristarchus* hinzu, entweder nach einem verbesserten Exemplar oder nach dem Manuskript des Dichters. Er sammelte auch das, was in der Zeit nach Opitzens Abreise im Druck erschienen war, und fügte einige Jugendgedichte bei, die sich entweder in seinem Besitz befanden, oder die er von den Freunden des Dichters erhalten hatte. In den Anhang der Sammlung nahm er auch deutsche Gedichte anderer Autoren auf.[2]

Im August 1623 befanden sich Opitz' Gedichte bereits im Druck, den Bernegger überwachte.[3] Im Frühling 1624 benachrichtigte Gruter den ungeduldigen Zincgref, daß er wahrscheinlich in Kürze vom Verleger Zetzner die erwarteten „Opitiana" erhalten werde.[4] Die so emsig vorbereitete und sorgfältig gedruckte Ausgabe der deutschen Gedichte des Schlesiers, die im Jahre 1624 in Straßburg unter dem Titel *Teutsche Poemata*[5] erschienen war, fand jedoch bei Opitz selbst keine Anerkennung. Gründe hierfür gab es eine Menge.

Der wichtigste davon war die Erweiterung des Manuskripts, das Opitz vor Jahren Zincgref übergeben hatte, um einige vom Verfasser nicht verbesserte Jugendgedichte, die gegen das Betonungsgesetz verstießen, das der Dichter seit 1619 befolgte.[6] Dazu kam noch, daß Opitz schon im Jahre 1620, als er seine Gedichtsammlung zum Druck vorbereitete, mit einigen Carmina durchaus nicht zufrieden war. In dem von ihm in Heidelberg geschriebenen Vorwort lesen wir: „Es werden vieleicht auch hier nit wenig sachen gefunden werden, so dem andern an der güte der wort vnd erfindung nit gleichen, weil sie zum theil vor dieser Zeit geschrieben worden ...“[7]

Opitzens Unzufriedenheit mit der Straßburger Ausgabe erklärt sich nicht nur daraus, daß diese Sammlung seinen dichterischen Ruhm hätte beeinträchtigen können. Es spielten auch politische Gründe mit. In der Straßburger Ausgabe fanden sich nämlich Gedichte, die gegen den Kaiser und die Habsburger gerichtet waren und deren Veröffentlichung üble Folgen für ihren Autor haben konnte. Auch das Erscheinen einiger pikanter Liebesgedichte war für Opitz höchst unangenehm, denn diese konnten zu weiterem Geschwätz über seine Liebesabenteuer beitragen. Der Abdruck des schon überholten *Aristarchus* war dem Dichter ebenfalls unerwünscht. In einem Breslauer Exemplar seiner Gedichte vom Jahre 1624 finden wir folgende handschriftliche Bemerkung: „Disertatiuncula haec a me ao 1617 edita nunquam posthec in lucem proferenda est, cum sit mendorum plena.“[8]

All diese Unzulänglichkeiten konnten zu einer negativen Beurteilung der Opitzschen Gedichte durch die Fruchtbringende Gesellschaft beitragen, die sich das Recht anmaßte, die deutsche Literatur zu leiten. Der ehrgeizige Dichter ging also nun daran, sich energisch zu rechtfertigen. In Briefen an seine Bekannten entschuldigte er sich und protestierte gegen diese Ausgabe seiner Gedichte.[9] Als er von Zincgref erfuhr, daß seine Freunde eine neue erweiterte Ausgabe vorbereiteten, erklärte er sich damit nicht einverstanden und beschwor sie, aus politischen Gründen seine *Trostgedichte In Widerwertigkeit Dess Krieges* nicht herauszugeben: „Libros meos de consolatione in adversitate belli, si salus et vita mea vobis curae sunt, non edetis. Scio enim quantum periculi inde mihi immineat.“[10]

Die Straßburger Ausgabe wurde für Opitz zum unmittelbaren Anlaß, seine theoretischen Ansichten in Form einer kurzen Poetik unter dem Titel *Buch von der Deutschen Poeterey* niederzuschreiben und herauszugeben.[11] Im fünften Kapitel dieses Buches finden wir folgende Erklärung über die von Zincgref herausgegebene Gedichtsammlung: „Welchen buches halben, das zum theil vor etlichen jahren von mir selber, zum theil in meinem abwesen von andern vngeordnet vnd vnvbersehen zuesammen gelesen ist worden, ich alle die bitte denen es zue gesichte kommen ist, sie wollen die vielfältigen mängel vnd irrungen so darinnen sich befinden, beydes meiner jugend (angesehen das viel darunter ist, welches ich, da ich noch fast ein knabe gewesen, geschrieben habe) vnnd dann denen zuerechnen, die auß keiner bösen meinung meinen gueten namen dadurch zue erweitern bedacht gewesen sein. Ich verheiße hiermitt, ehestes alle das jenige, was ich von dergleichen sachen bey handen habe, in gewiße bücher ab zue theilen, vnd zue rettung meines gerüchtes, welches wegen voriger vbereileten edition sich mercklich verletzt befindet, durch offentlichen druck jederman gemeine zue machen."[12]

In seiner Poetik, die er, wie er behauptet, in fünf Tagen schrieb, beweist Opitz, daß er die Aufgabe, die er sich im *Aristarchus* gestellt hatte, nämlich die Schaffung einer neuen deutschen Kunstpoesie, bereits bewältigt habe. Opitzens Abhandlung ist eine theoretische Begründung seiner Dichtung. In diesem kleinen Büchlein bringt er kurz und deutlich seine bahnbrechenden Ansichten zum Ausdruck, zu denen er im Laufe eines komplizierten Entwicklungsprozesses, der auf der Basis fortschrittlicher Weltanschauung vor sich ging, gelangt war. Seine Gewährsmänner sind vor allem Ronsard und Scaliger.[13]

In der Begabungsbewertung stellt sich Opitz hinter die Autorität Platons, der vom „göttlichen furor" spricht. „Antrieb" und „Lust" zum Dichten, aber auch die Kenntnis der Poetik und Literatur, besonders der antiken, kennzeichnen einen wahren Poeten.

Opitz greift die in Deutschland zahlreichen Reimschmiede heftig an,[14] die weder die Verslehre kennen, noch schöpferische Phantasie besitzen, und beklagt sich darüber, daß man vom Dichter Gedichte für alle Gelegenheiten fordert: „Es wird kein buch, keine hochzeit, kein begräbnüß ohn vns gemacht; vnd gleichsam als niemand köndte alleine sterben, gehen vnsere gedichte zuegleich mit jhnen vnter."[15] Der Dichter vermag nicht zu schreiben, wann er will, sondern wann er kann. Auch dieser Satz erinnert an das „Poeta nascitur, non fit", jedoch in Wirklichkeit konnte auch Opitz nicht umhin, diesem Unwesen der Gelegenheitsdichtung seinen Tribut zu zollen, und nicht immer gelang es ihm, in dieser Gattung Gutes zu leisten.

Ursprünglich waren, glaubt Opitz, Theologie und Philosophie auf die Vermittlung ihrer Inhalte durch die Poesie angewiesen, die nach den Alten „eine erzieherinn des lebens" sei, „welche die art der sitten, der bewegungen des gemütes vnd alles thuns und lassens lehre". Die Poesie wird als Nachahmung der Natur verstanden, mit der Modifikation, daß sie „die dinge nicht so sehr beschreibe wie sie sein, als wie sie etwan sein köndten oder sollten". In diesen Zusammenhang stellt Opitz auch die Wahrhaftigkeit des Dichterwerkes.

Er verteidigt zwar die freiere Lebensweise der Poeten, die „nach des volckes Vrtheil nicht viel fragen", und nennt die Liebe noch einen Wetzstein, an dem die Poeten ihren „subtilen Verstand scherffen vnd niemals mehr sinnreiche gedancken vnd einfälle haben", als wenn sie von ihrer Geliebten reden. Aber schon in dem Vorwort zu seinen *Deutschen Poemata* (1625) spricht er vom Erlebnis als dichterischer Fiktion. Dieses Zugeständnis wurde durch moralische Vorbehalte der gelehrten Zeitgenossen erzwungen.

Opitz äußert die Hoffnung, daß Wert und Würde der deutschen Poesie, die er begründet hat, bald der der Franzosen und Italiener gleichkommen werde, und spricht mit Liebe über die alte deutsche Dichtung. Ihre Anfänge sucht er in den Heldengedichten und beruft sich auf die Lieder der Cimbern, die er in Dänemark kennengelernt hat. Er verweist auch auf die deutsche Dichtung des Mittelalters, die manchen stattlichen lateinischen Poeten an Erfindung und Zier der Rede übertreffe, und zitiert nach Goldast ein Gedicht Walthers von der Vogelweide. Es ist erstaunlich, daß Opitz den Wert der deutschen mittelalterlichen Dichtung, die doch von den klassischen Mustern weit entfernt war, richtig einschätzen konnte und daß er die ihm bekannten alten Denkmäler (was später auch seine Ausgabe des Annoliedes beweist) mit Fleiß studierte.

Er selbst aber fühlt sich als ein Erneuerer der Dichtung in der Muttersprache wie Petrarca und Ronsard. Im Vergleich zu den hochentwickelten Nationalsprachen der südlichen und westlichen Nachbarn war das Deutsche bei Opitzens Auftreten noch recht uneinheitlich, stand unter dem Einfluß der Mundarten und entbehrte einer zielstrebigen Sprachpflege. So trat der Schlesier für ein Deutsch ohne Dialekteinschläge und Fremdwörter ein. Er erkannte scharfsinnig, daß man dem Beispiel Ronsards, der den Gebrauch mundartlicher Ausdrücke empfahl, nicht folgen durfte, da sich die deutsche Sprache in einem anderen Entwicklungsstadium als die schon in sich gefestigte französische Schriftsprache befand. Er trat auch wie bereits im *Aristarchus* in seiner *Poeterey* gegen den Fremdwörtergebrauch auf, sogar die lateinischen und griechischen Eigennamen sollte man deutsch deklinieren und „deutsch schreiben".

Hinsichtlich der Invention oder Erfindung der Dinge beruft sich Opitz auf seinen Gewährsmann Scaliger. Auf die Erfindung folgt die Anordnung der Sachen, die die Wahl einer entsprechenden Gedichtart erfordert. Dem „Heroisch getichte", das „gemeiniglich weitleufftig ist, vnd von hohem wesen redet", gilt die besondere Aufmerksamkeit von Opitz. Der Präposition, Anrufung und Dedikation folgt die eigentliche Verserzählung. Dem Dichter steht dabei mehr Freiheit zu als dem Historiker, er hat das Recht zur Auslese, zur Ausschmückung durch unterhaltsame Episoden, wobei jedoch vor Anachronismen gewarnt wird. Irrtümlich identifiziert man das heroische Gedicht heute schlechthin mit dem Epos. Opitz denkt jedoch vor allem an ein großes, entsprechend der hohen Thematik im „heroischen Stil" abgefaßtes „Lehrgedicht". Als Beleg bringt er unter anderem Zitate aus seinem *Trostgedichte in Widerwertigkeit des Krieges* und beruft sich auf Vergils „Bücher vom Ackerbau".

Die Einteilung in Tragödien und Komödien wird im Sinne des ständischen Ordnungsprinzips durchgeführt. Die Tragödie handelt von Personen Hohen Standes, die Komödie „bestehet in schlechtem wesen vnnd personen". Der Zweck der Tragödie – Opitz beruft sich auf die Werke von Aristoteles und Heinsius – besteht nach der Vorrede zu den „Trojanerinnen“ in der Wappnung der Menschen gegen unverhoffte Schicksalsschläge. Durch die Beschauung fremden Kreuzes und Unglücks lernen wir „das vnserige / welches vns begegnen möchte weniger fürchten vnnd besser erdulden“. Wirkungsziel sind also die Abhärtung und die Erziehung zur Beständigkeit, ein Ziel, das auch für das dramatische Schaffen von Gryphius gültig sein sollte.

Die Hauptaufgabe der Satyra ist „die harte verweisung der laster vnd anmahnung zue der tugend“. Das Epigramm ist eine kurze Satyra mit einer Schlußpointe. Kurz erwähnt der Dichter noch die Hirtenlieder oder Eklogen, die Elegien, das Echo, die Hymnen oder Lobgesänge. Die eigentliche Lyrik repräsentieren die „Sylven oder wälder“, die „nicht allein nur solche carmina, die auß geschwinder anregung vnnd hitze ohne arbeit von der hand weg gemacht werden“, sondern auch allerlei Gelegenheitsgedichte umfassen. Schließlich erwähnt Opitz noch die „Lyrica oder getichte die man zur Music sonderlich gebrauchen kann“; sie werden auch als Oden bezeichnet.

Opitz fordert eine natürliche Wortstellung auch in der Dichtung und warnt vor grammatischen Dunkelheiten und Pleonasmen. Die poetische Ausdrucksweise ist durch zusammengesetzte Wörter zu bereichern. Metaphern und schmückende Beiwörter soll man den Alten absehen. Ein nützliches Stilmittel ist auch die Klangmalerei. Was die Rede anbelangt, so muß sie dem Inhalt und der Gattung angepaßt sein. „Denn wie ein anderer habit einem könige ein anderer, einer privatperson gebühret, vnd ein Kriegesman so, ein Bawer anders, ein Kauffmann wieder anders hergehen sol: so muß man auch nicht von allen dingen auff einerley weise reden; sondern zue niedrigen sachen schlechte, zue hohen ansehliche, zue mittelmässigen auch mässige vnd weder zue grosse noch zue gemeine worte brauchen.“ Auch auf die Unterschiede der Aussprache, vor allem der e-Laute, macht Opitz aufmerksam und fordert Reimreinheit. Anstatt des Endungs-e vor einem Vokal soll ein Apostroph gesetzt werden; eine Ausnahme bilden Eigennamen und einsilbige Wörter.

Schließlich geht Opitz zur Besprechung der Metrik über. Der Dichter sieht in dem akzentuierend-alternierenden Prinzip das Grundgesetz seiner Poetik. Jedes Gedicht soll jambisch oder trochäisch sein, das heißt, es muß der genaue Wechsel von Hebung und Senkung eingehalten werden. Doch bestehen diese Versfüße nicht wie in der griechischen und römischen Dichtung aus kurzen und langen Silben, sondern aus betonten und nicht betonten: „Nachmals ist auch ein jeder verß entweder ein iambicus oder trochaicus; nicht zwar das wir auff art der griechen vnnd lateiner eine gewisse grösse der sylben können inn acht nemen; sondern das wir aus den accenten vnnd dem thone erkennen, welche sylbe hoch vnnd welche niedrig gesetzt soll werden." Der Betonungsregel von Opitz steht am nächsten Sidneys Akzentuierungsgesetz aus der „Apologie for Poetrie" (1595): „wee doe not observe quantity, yet wee observe the accent very precisly." (Vielleicht lernte der Schlesier Sidneys Werk durch die Vermittlung Kirchners, der kurz in England weilte, kennen.)

Die Entdeckung der Wesenseigentümlichkeit der deutschen Betonung, die Opitz so klar und deutlich in seiner *Poeterey* ausspricht, war doch nicht so selbstverständlich, wie es manche Literarhistoriker glauben. Noch im Jahre 1638, als sich Fürst Ludwig von Anhalt-Köthen in eine Diskussion mit Opitz einließ, sprach er noch immer von Länge und Kürze und verriet wenig Gefühl für die natürliche Akzentuierung. Entstand doch das Bemühen der Fruchtbringenden Gesellschaft, wie Gundolf treffend feststellt, „aus dem rührenden und ohnmächtigen Verlangen von Fürsten nach feinerer exotischer Unterhaltung in heimischer Manier".

Opitz empfiehlt besonders den Alexandriner und den „vers commun", die er schon im *Aristarchus* erwähnt hatte. Von den Strophenformen bespricht die *Poeterey* das Sonett, das Quatrain, die Sapphische Ode und die Pindarische Ode.

Besonderer Beliebtheit erfreute sich im 17. Jahrhundert das Sonett. Opitz, der seit dem ‚Aristarchus' diese Form pflegt, bringt im ‚Buch von der Deutschen Poeterey' mehrere Proben; man darf annehmen, daß er Gedichte auswählte, die er selbst am höchsten einschätzte und für richtungsweisend hielt. Bekannt ist seine Übersetzung des berühmten Sonetts LVII der ‚Amours' von 1552, die Opitz als „zum theil von dem Ronsardt entlehnet" bezeichnet. Der französische Text lautet:

Ciel, air, & vents, plains & montz descouvers,
Tertres fourchuz, & forestz verdoyantes,
Rivages tortz, & sources ondoyantes,
Taillis razez, & vous bocages verds,

Antres moussus à demyfront ouvers,
Prez, boutons, fleurs, & herbes rousoyantes,
Coustaux vineux, & plages blondoyantes,
Gastine, Loyr, & vous mes tristes vers:

Puis qu'au partir, rongé de soing & d'ire,
A ce bel oeil, l'Adieu je n'ay sceu dire,
Qui pres & loing me detient en esmoy:

Je vous supply, Ciel, air, ventz, montz & plaines,
Tailliz, forestz, rivages & fontaines,
Antres, prez, fleurs, dictes le luy pour moy.

Die Prosaübersetzung von *Adolf Beck* hat folgenden Wortlaut:

Himmel, Luft und Winde, Ebnen und offne Berge,
Buschreiche Hügel und grünende Wälder,
Gewundene Flüsse und rieselnde Quellen,
Lichtungen hell und ihr grünen Haine,

Höhlen bemoost, halbseitig offen,
Fluren, Knospen, Blumen, und Kräuter betaut,
Weinreiche Hänge und helleuchtende Gestade,
Gastine, Loir, und ihr meine traurigen Verse:

Da beim Abschied, zerrissen von Gram und Unmut,
Diesem schönen Auge ich nicht Lebewohl habe sagen können,
Das nah und fern mich in Bewegung hält:

So bitt ich euch, Himmel, Luft, Winde, Berge, und Ebnen,
Lichtungen, Wälder, Flüsse und Quellen,
Höhlen, Fluren, Blumen, sagt es ihr für mich.

Opitz übersetzte das Sonett wie folgt:

Jhr, Himmel, lufft vnnd wind, jhr hügel voll von schatten,
Jhr hainen, jhr gepüsch', vnd du, du edler Wein,
Jhr frischen brunnen, jhr, so reich am wasser sein,
Jhr wüsten die jhr stets mußt an der Sonnen braten,

Jhr durch den weissen taw bereifften schönen saaten,
Jhr hölen voller moß, jhr auffgeritzten stein',
Jhr felder welche ziehrt der zarten blumen schein,
Jhr felsen wo die reim' am besten mir gerhaten,

Weil ich ja Flavien, das ich noch nie thun können,
Muß geben guete nacht, vnd gleichwol mundt vnnd sinnen
Sich fürchten allezeit, vnd weichen hinter sich,

So bitt' ich Himmel, Lufft, Wind, Hügel, hainen, Wälder,
Wein, brunnen, wüsteney, saat', hölen, steine, felder,
Vnd felsen sagt es jhr, sagt, sagt es jhr vor mich.

Die Substantivhäufung und das Konklusionsschema des Gedichtes von *Ronsard* mußten ganz besonders Opitzens Vorstellungen von Kunstdichtung entsprechen. Der Dichter übernimmt sie, doch er steigert noch die Kunstmittel und führt eine doppelte Anaphernkette ein. Dadurch wirkt der Sprachrhythmus, verglichen mit dem fließenden Rhythmus des französischen Musters, schwer und gewichtig, und die Parallelität der Häufung wird noch unterstrichen. Die Verwendung eines längeren Versmaßes, des Alexandriners, läßt den Satz stark anschwellen, was die Aussage noch hinauszögert und somit die innere Spannung steigert. Entsprechend dem Original wird im letzten Terzett die Anrede noch einmal als korrespondierende Häufung wiederholt. Doch Opitz vermehrt die Zahl der Substantive von 12 auf 14 und gibt der Bitte „sagt es ihr für mich", die Anlaß des Gedichts war, durch dreifache Wiederholung des Wunsches: „sagt es ihr, sagt, sagt es jhr vor mich" einen besonderen Nachdruck. Das Gedicht ist ein Beispiel für die Übertragung eines Werkes in eine andere Stilebene, es zeigt exemplarisch den schrittweisen Übergang zum Barock.

Unklassizistisch ist auch ein anderes Beispiel aus Opitzens Poetik, die wörtliche Übersetzung eines Heinsius-Gedichtes:

Nacht=leuffer / Hüffte=sohn / Hoch=schreyer / Lüfften=springer /
Guet=geber / Liebes=freundt / Haupt=brecher / Löwen=zwinger /
Hertz=fänger / Hertzen=dieb / Mund=binder / Sinnen=toll /
Geist=rhürer / wackel=fuß / Stadt=kreischer / Allzeit=voll.

Buchner störte die Häufung, aber er sah sich dennoch gezwungen, Opitzens Probe zu verteidigen. Er erklärte die „Nacht-leuffer"-Verse als Nachahmung „der Griechischen Hymnus=Schreiber Art" und als Widerspieglung der „Natur des Bacchus".

Beste dichterische Übung aber sei die Übersetzung von griechischen und römischen Autoren, was zur Bereicherung des deutschen Wortschatzes und der poetischen Formen beitragen soll.

Opitz hatte nicht die Absicht, in seinem *Buch von der Deutschen Poeterey* den ganzen Ballast aus den alten Poetiken zu wiederholen. Er benützte sie nur inso weit, wie sie ihm seine neuen Ideen unterbauen halfen und mit der Autorität der berühmten Namen seine Thesen gegen eventuelle Angriffe decken konnten. Die Ideen, die in Opitz' Poetik den Ton geben, sind sein geistiges Eigentum im ganzen Sinne des Wortes, zeugen von seinem sprachlichen Einfühlungsvermögen und sind im höchsten Maße zeiterfüllend. Die Poetik des Schlesiers war eine Kampfschrift, die der neuen deutschen Dichtung den Weg bahnen und auch sein dichterisches Werk im vollen Licht zeigen sollte.

Opitz, ein Bürgersohn ohne feste Stellung, schließt seine Poetik mit Worten, denen man Mut, ja Kühnheit nicht absprechen kann. Sie weisen wiederum darauf hin, von welchem gesellschaftlichen Standpunkt damals die Wende zur deutschen Dichtung vollzogen wurde: „... so war wündsche ich, das die die in ansehung jhres reichthumbs vnnd vermeineter vberflüssigkeit aller notdurfft jhren stand weit vber den vnserigen erheben, die genüge vnd rhue, welche wir schöpffen auß dem geheimen gespreche vnd gemeinschafft der großen hohen Seelen, die von so viel hundert ja tausendt Jharen her mit vns reden, empfinden solten; ich weiß, sie würden bekennen, das es weit besser sey, viel wissen vnd wenig besitzen, als alles besitzen vnd nichts wissen ... Derentwegen wolle vns ja niemandt verargen, das wir die zeit, welche viel durch Fressereyen, Bretspiel, vnnütze geschwätze, verleumbdung ehrlicher leute, vnd sonderlich die lustige vberrechnung des vermögens hinbringen, mit anmutigkeit vnsers studierens, vnd denen sachen verschliessen, welche die armen offte haben, vnd die reichen nicht erkauffen können. Wir folgen dem, an welches vns Gott vnd die natur leitet, vnd auß dieser zueversicht hoffen wir, es werde vns an vornemer leute gunst vnd liebe, welche wir, nebenst dem gemüte vnseren Vaterlande zue dienen, einig hierdurch suchen, nicht mangeln. Den verächtern aber dieser göttlichen wissenschafft, damit sie nicht gantz leer außgehen, wollen wir inn den Tragedien so wir künftig schreiben möchten die Personen derer geben, welche in dem Chore nach erzehlung trawriger sachen weinen vnd heulen müssen: da sie sich denn vber jhren vnverstand vnd grobheit nach der lenge beklagen mögen."

Das Erscheinen der Poetik von Opitz wurde in den Kreisen der jungen deutschen Dichter mit großer Ungeduld erwartet. Man versprach sich von ihr die Klärung grundsätzlicher Schaffensprobleme. Die Mitglieder der aristokratischen „Fruchtbringenden Gesellschaft" dagegen waren stark beunruhigt. Tobias Hübner, der Erzieher der Fürstensöhne und fürstlicher Rat, verzögerte die Herausgabe eines zum Druck fertigen Werkes, weil er befürchtete, daß es nicht den Anforderungen entsprechen werde, die Opitz in seinem *Buch von der Deutschen Poeterey* gestellt hatte. Als schließlich die erwartete Poetik nach Köthen, der bedeutendsten Wirkungsstätte der Fruchtbringenden Gesellschaft, gelangt war, wurde sie zum Gegenstand langer und fleißiger Studien. Trotz der negativen Einstellung zu seinem Verfasser mußte sie als vorzüglich und ungemein nützlich anerkannt werden. Man wollte sich jedoch mit den strengen Forderungen des Betonungsgesetzes nicht ganz einverstanden erklären, da angesichts dessen kein einziges Gedicht der Mitglieder der Fruchtbringenden Gesellschaft der Kritik standhalten konnte.[16]

Diederich von dem Werder, einer der angesehensten Dichter der Fruchtbringenden Gesellschaft, entschuldigt sich im Vorwort zu seinem *Gottfried von Bulljon* wegen der Abweichungen von Opitz' Poetik und behauptet, sie seien verursacht durch die noch wenig entwickelte deutsche Sprache.[17]

Noch im selben Jahrhundert erlebte das *Buch von der Deutschen Poeterey* viele Auflagen, zahlreiche Umarbeitungen und Kommentare. Es wies den deutschen Dichtern den Weg zur Literatur in der Muttersprache und trug zur allmählichen Verdrängung der neulateinischen Poesie bei; es schuf den Ausgangspunkt für die deutsche Nationalliteratur.

Noch im Jahre 1624 schrieb Opitz auf Wunsch des Herzogs Georg Rudolf eine Sammlung religiöser Lieder unter dem Titel *Die Episteln der*

Sonntage und fürnehmsten Feste des gantzen Jahres auf die gemeinen Weisen der Psalmen gefasset.[18] Opitz' Lieder zeichnen sich durch Fluß des Verses aus und zeugen von einer immer besseren Beherrschung des Handwerklichen. Doch gelang es Opitz nicht, die Tiefe des Originals wiederzugeben. Trotzdem fand die Paraphrase der Briefe bei den Anhängern der neuen Dichtung eine warme Aufnahme. Den Spuren von Opitz folgten viele geistliche Dichter, die im Laufe der nächsten Jahrzehnte ganze biblische Summare schufen. Zu ihnen gehörte auch der bekannte Liederdichter Johann Heermann, der im Jahre 1636 die gereimten *Sonntags- und Festevangelia* herausgab.

Opitz verfaßte seine Lieder nach den damals in Deutschland beliebten Melodien des Psalters von Goudimel, doch fehlte es auch nicht an selbständigen Kompositionen zu den Texten des Schlesiers. Tobias Enicelius schrieb die Musik zu Opitz' Worten. Sie erschien im Jahre 1668 in Hamburg unter dem Titel: *Melismata epistolica oder Opitii Sonntags- und Festepisteln in die Musik versetzet.* Zu den *Briefen* komponierte auch Jacob Hinze aus Berlin unter Mitwirkung seiner Freunde Melodien, die im Jahre 1696 in Dresden unter dem Titel *Epistolische Lieder für eine, zwei, drei oder vier Vokalstimmen und zwei oder mehr Instrumente nebst Generalbass* erschienen sind. Opitz' Lied für die erste Adventwoche wurde sogar von Johann Sebastian Bach vertont. Für die Episteln der Sonn- und Festtage soll der Dichter den Titel eines Fürstlichen Rates erhalten haben. Trotz dieser Auszeichnung blieb er weiterhin ohne ständige Beschäftigung.

Am 26. Dezember 1624 war der österreichische Erzherzog Karl, Bischof von Breslau, in Madrid gestorben. Als diese Nachricht nach Schlesien gelangte, entsandten die schlesischen Stände und Fürsten den Präsidenten der Breslauer Kammer, Karl Hannibal von Dohna, und die fürstlichen Räte Reinhard von Kickepusch und Caspar Kirchner nach Wien, um dem Kaiser das Beileid zu bezeigen.[19] Am 16. Februar 1625 schrieb Opitz an Buchner, daß sein Vetter Kirchner auf dem Wege nach Wien am nächsten Tage Liegnitz passieren werde.[20] Durch dessen Vermittlung vermutlich konnte sich Opitz der Delegation anschließen, die kurz nach ihrer Ankunft in Wien, am 12. März, in einer Audienz von Ferdinand empfangen wurde.

Der Dichter überreichte dem Kaiser ein Beileidsgedicht, das er auf Wunsch einer hochgestellten Person im Laufe einer Stunde vom Deutschen ins Lateinische übersetzt hatte.[21] Über die Ergebnisse dieser Reise berichtet sowohl der offizielle Reisebericht der Delegation, der am 27. April in Breslau verfertigt wurde, wie auch zwei Briefe des Dichters vom 10. Mai desselben Jahres.[22] In einem dieser Briefe entschuldigt sich der Dichter vor seinem Freund Venator wegen seines Stillschweigens, das – wie er angibt – durch seine Reise nach Wien mit den Abgesandten der Herzöge und der schlesischen Stände verursacht wurde. Bei dieser Gelegenheit hat man beide Freunde in Wien mit Würden beschenkt: Kirchner erhielt den Titel eines Kaiserlichen Rats, Opitz dagegen wurde von Ferdinand zum Dichter gekrönt. Der Dichter machte am kaiserlichen Hof zahlreiche Bekanntschaften – vermutlich näherte er sich dort dem Burggrafen Karl Hannibal von Dohna, seinem späteren Gönner.

Schon seit dem Jahre 1624 bereitete Opitz eine Musterausgabe seiner Gedichte zum Druck vor, die den in seiner Poetik gestellten Anforderungen vollkommen entsprechen sollten. Am 28. Dezember schrieb er aus Bunzlau an Lingelsheim, daß er eine Sammlung seiner Gedichte vorbereite, die er in acht Büchern herauszugeben beabsichtige.[23] Einige Monate später, im Mai 1625, sind die Gedichte schon zum Druck übergeben, und der Dichter nimmt an, daß sie bei der nächsten Messe zu haben sein werden.[24] Die Geduld des Dichters wurde aber auf eine harte Probe gestellt, denn am 11. Oktober war der Druck noch nicht beendet.[25]

Opitz hatte diese Ausgabe sorgfältig vorbereitet; er wollte mit diesen Gedichten den deutschen Dichtern ein Beispiel geben und dem Unwillen der Fruchtbringenden Gesellschaft seinen Werken gegenüber entgegenarbeiten. Der Kampf des jungen Dichters um Anerkennung war nicht leicht. Der ehrgeizige Opitz, der sich stets mit materiellen Schwierigkeiten herumschlagen mußte, sah sich einer gutorganisierten, aristokratisch-höfischen Gesellschaft gegenübergestellt, der damals außer den Edelgeborenen nur wenige Bürger angehörten, die jedoch hohe Stellungen an den Höfen ihrer Gönner einnahmen. Der „Palmenorden" entstand im Jahre 1617, also im selben Jahre, in welchem Opitz in seinem *Aristarchus* als Verteidiger der deutschen Sprache auftrat. Die Fruchtbringende Gesellschaft, die nach dem Vorbild der italienischen „Academia della Crusca" gegründet worden war, umfaßte mit ihrem Einfluß den gesamten protestantischen Teil Deutschlands. Die Mitglieder der Gesellschaft waren verpflichtet, sich in Wort und Schrift der reinen deutschen Sprache zu bedienen, und fühlten sich berechtigt, die literarische Bewegung Deutschlands zu leiten und eine schöpferische Entwicklung der Sprache und Dichtung zu fördern. Indessen erlebten sie eine bittere Enttäuschung. Auf dem Büchermarkt erschienen die Gedichte und die Poetik von Opitz, in welcher der unbemittelte Bunzlauer Fleischersohn in logischer und bestimmter Weise das gesamte poetische Schaffen der „beperückten" Autoritäten der deutschen Dichtung in Frage stellte. Dazu kam noch der Streit über die Erstanwendung von Alexandrinern zwischen einem der bekanntesten Mitglieder des „Palmenordens", Tobias Hübner, und dem jungen Opitz. Hier lagen auch die Ursachen für den Unwillen der Sprachgesellschaft dem jungen schlesischen Bürgersohn gegenüber, der selbstbewußt als der Gründer der neuen deutschen Dichtung auftrat.

Nach seiner Rückkehr aus Wien nach Schlesien hat Opitz weiterhin keine ständige Beschäftigung, er hält sich abwechselnd in Liegnitz, Breslau oder bei seinen Eltern in Bunzlau auf. Von Zeit zu Zeit begibt er sich aufs Land, wo er von der Gastfreundschaft der Gutsbesitzer Gebrauch macht und sie dafür in seinen Gedichten besingt.[26] Zu all dem fühlt sich Herzog Georg Rudolf durch irgend etwas beleidigt, so daß dem Dichter auch von dieser Seite her Fortuna nicht zulächelt.

In einer solchen Lage unternimmt er den Versuch, die Fruchtbringende Gesellschaft zu einer günstigeren Beurteilung seiner Werke zu zwingen. In dem schon erwähnten Brief vom 10. Mai an Buchner benachrichtigt er ihn, daß er – dem Rate Kirchners folgend – beschlossen habe, die neue Ausgabe seiner Gedichte dem gesamten Hause des Fürsten von Anhalt zu widmen. Er vergaß auch den einflußreichen Fürstlichen Rat Tobias Hübner nicht, dem er eines der acht Bücher zuschrieb.[27] Im Sommer, während seines Aufenthaltes in Sachsen, wurde Opitz durch Vermittlung Buchners mit Hübner und Diederich von dem Werder bekannt und dem Fürsten von Anhalt–Köthen, dem Haupt der Gesellschaft, vorgestellt.[28]

In einem späteren Brief schreibt Opitz darüber: „... Ich habe vorigen Sommer es gewagt, die Elbe wie den Rubikon zu überschreiten, um zu den Anhalter Fürsten zu gelangen, die mich ziemlich gnädig beurteilten."[29] Wie jedoch aus dem weiteren Verlauf der Ereignisse hervorgeht, wurde unser Dichter vermutlich sehr kühl vom Fürsten aufgenommen; die Tatsache, daß Opitz ihm seine Gedichte widmete, vermochte nicht, die ungünstige Stimmung der Gesellschaft zu ändern.

Am 1. Oktober 1627 schreibt Opitz an Buchner, daß er seit der Zeit, da er dem Fürsten seine Gedichte übersandte, noch keinerlei Nachricht aus Anhalt erhalten habe.[30] Erst zwei Jahre später, als die Werke von Opitz bereits in ganz Deutschland Anerkennung fanden und der Dichter vom Kaiser geadelt wurde, kapitulierte Fürst Ludwig, nahm ihn als zweihundertstes Mitglied der Fruchtbringenden Gesellschaft auf und verlieh ihm den ehrenvollen Beinamen „der Gekrönte". Diesmal verhielt sich Opitz äußerst kühl.

Aus dieser Zeit stammt auch ein in holprigem Französisch geschriebener Brief mit einer Charakteristik von Opitz und seiner Rolle gegenüber der Fruchtbringenden Gesellschaft. Es ist dabei erstaunlich, daß sich die Mitglieder „des Ordens", die ein reines Deutsch anstrebten, auch in Sachen der Gesellschaft oft des Französischen bedienten, Fürst Ludwig von Anhalt (Der Nährende) nicht ausgenommen.

Christian Baron de Ballenstädt (Fürst Christian II. von Anhalt) an Christoph von Dohna

... Ich habe die Freude gehabt dort auch den Herrn „Opitius" zu sehen (...), über den ich wahrhaftig sagen kann: Minuit praesenti a famam; denn er ist ein sehr kleiner Mensch mit einem sehr häßlichen und faltenreichen Gesicht, aber mit viel Geist und einer solchen Reputation hinsichtlich der Invention und seiner neuen deutschen Poesie, daß nicht nur die berühmten Dichter unserer Zeit und unserer Sprache – wie Herr Hübener, Herr Werder und mein Onkel der Nährende, obwohl sie vor ihm die Erfinder oder Erneuerer der deutschen Poesie waren – ihm einstimmig und bereitwilligst die Palme überlassen, sondern auch seine kaiserliche Majestät hat ihn geadelt und ihm den ruhmreichen Lorbeerbaum in sein Wappen gegeben und folglich hat ihn der Herr Nährende nach dieser Adelserhebung aufgenommen und ihm als Wertschätzung (die außergewöhnliche Tugend adelt ohnehin) zum Emblem ... „ein lorberkranz" verliehen, als dem Zweihundertsten der Fruchtbringenden Gesellschaft, die er ohne Zweifel durch seine außergewöhnlichen Reime erhöhen und bestrebt sein wird, mit seiner Dichtung den Lorbeer für ganz Deutschland zu gewinnen. Ansonsten ist er eine sehr gelehrte Persönlichkeit, kennt gut seine Sprachen, ist wohlbereist und unserer Religion hingegeben. Er dient zur Zeit dem Herrn General von Schlesien, nämlich dem Herrn Baron Charles Hannibal de Dona, einem Herrn, der einen sehr guten Ruf in ganz Schlesien hat. ...[31]

Kehren wir jedoch zu der Besprechung der Gedichtsammlung aus dem Jahre 1625 zurück. Von den 150 in Straßburg von Zincgref herausgegebenen Gedichten nahm Opitz einige Dutzend in diese neue Ausgabe nicht auf. Aus politischen Gründen hatte er alle gegen die Habsburger gerichteten Gedichte weggelassen. Er überarbeitete sie beziehungsweise verzichtete ganz auf einige Amatoria, um keinen Anstoß bei den „ehrwürdigen Mitgliedern" der Sprachgesellschaft zu erregen. Er ging sogar noch weiter und entfernte aus seinen Gedichten drastische und gefühlvolle Wendungen. Vergleichen wir zum Beispiel das Abschiedsgedicht anläßlich der Abreise seines Freundes Landskron mit der verkürzten Überarbeitung, die in der Breslauer Ausgabe erschien[32]:

Wann ein vertrautes Hertz das ander muß verlassen,
Was thut sie dazumahl vor Hertzenleid vmbfassen:
Die Threnen quellen vor alß eine weite Flut,
Der Geist auß Kümmernus ohn ende seufftzen thut,
Das Hertz ist halb dahin, man kan sich kaum besinnen,

Vnd weiß nit wohinaus, ja man kan nichts beginnen,
Ein Tag ist ein gantz Jahr, die angenehme Nacht
Wird mit trübseligkeit ohn Schlaff hinweg gebracht.
So gehet es auch vns, nach dem wir jetzt mit schmertzen
Von vns gerissen sein, so offt ich thue behertzen,
Wie wir ohn Arg vnd Falsch gelebet jederzeit,
Wird mein Gemüte gantz bewegt zu Trawrigkeit.
So will mir auch mein Leidt nur nicht so vil vergönnen,
Daß ich ein zierlich Lied dir möchte dichten können.[33]

Und hier ein Auszug aus dem gekürzten und umgearbeiteten Gedicht (1625):

Wann ein vertrauter Sinn den andern muß verlassen,
Was pflegt sie dazumal für Wehmuth zu vmbfassen?
Ein Tag ist ein gantz Jahr, die angenehme Nacht
Wird ohne Schlaff mit Leid vnd Sorgen weggebracht.
So will dein Abschied auch mir nicht so viel vergönnen
Daß ich ein zierlich Lied dir möge dichten können . . .[34]

Diese Umarbeitung ist unzweifelhaft in der Form glatter, andererseits aber ging hier die Unmittelbarkeit und Aufrichtigkeit verloren, die die erste Fassung des Gedichtes kennzeichnet.

In der Breslauer Ausgabe entfernte Opitz auch Fremdwörter und ersetzte sie durch deutsche. So schreibt er zum Beispiel statt „auß Favor" „aus Huld", das Wort „Fonteyn" ersetzt er durch „Brunnen", „in occident" durch „im Abende". Der Dichter beseitigt auch die in Volksliedern gebrauchte verkleinernde Endung -lein, sowie die in der Alltagssprache angewandten Redewendungen und Regionalismen. Er meidet die Anapher und die Wiederholung derselben Worte und legt großes Gewicht auf richtige Satzstellung.

In der neuen Sammlung wurde auch die Reihenfolge der einzelnen Gedichte geändert. In der Zincgref-Ausgabe war sie willkürlich, jetzt wurde die Sammlung in acht Bücher aufgeteilt. Das erste enthält geistliche Dichtung, das zweite *Zlatna, Lob des Feldlebens* und *Lobgesang Bacchi*, das dritte verschiedene in Alexandrinern geschriebene Gedichte, das vierte Hochzeitsgedichte, das fünfte Liebesgedichte und weltliche Gedichte, und die drei letzten Bücher enthalten Oden, Sonette und Epigramme. Der Leipziger Drucker hat irrtümlich die Überschriften zu den drei letzten Büchern weggelassen, worüber der Dichter sehr aufgebracht war, da er annahm, daß das Manuskript seiner Oden, Sonette und Epigramme verlorengegangen wäre.[35] In dem der Ausgabe beigefügten Vorwort bitten der Dichter und der Verleger die Leser, die vielen Druckfehler und besonders das Fehlen der Überschriften zu den letzten drei Büchern zu entschuldigen. Das Werk erschien gegen Ende des Jahres 1625 unter dem Titel *Martini Opitii Acht Bücher, Deutscher Poematum durch ihn selber herausgegeben, auch also vermehret und übersehen, das die vorigen damitte nicht zu uergleichen sind.*

Die Bedeutung des Werkes war gewaltig. Es bestätigte nämlich die von Opitz in seinem *Buch von der Deutschen Poeterey* aufgestellten Grundsätze der neuen deutschen Dichtung und wurde zum Vorbild, ja zum Lehrbuch für die deutschen Dichter des XVII. Jahrhunderts.

Im Sommer 1625, während seines Aufenthaltes in Sachsen, beendete Opitz die Übersetzung der *Trojanerinnen*, einer Tragödie von Seneca, die er am 25. Juli dieses Jahres Buchner widmete. Das Buch erschien in Wittenberg bei Z. Schürer.[36] Die *Trojanerinnen* sind die erste Ankündigung eines deutschen Kunstdramas. Seit ihrem Erscheinen bediente man sich im Dialog der Alexandriner, die Chöre dagegen wurden in freierer Metrik gehalten. Es ist nicht ausgeschlossen, daß der Dichter die polnische Übersetzung der *Troas* kannte, die Lukas Górnicki im Jahre 1589 in Krakau herausgegeben hatte.[37] Der Grund, warum Opitz gerade diese Tragödie wählte, war – nach den Worten des Dichters – einerseits dieser, daß die *Trojanerinnen* die schönste uns erhalten gebliebene römische Tragödie sind, andererseits aber war es der aktuelle Inhalt des Dramas, der in der schweren Zeit eines langwierigen Krieges dem Menschen hilft, das Unglück seines Vaterlandes leichter zu ertragen: „Wer wird nicht mit größerem Gemüthe als zuvor seines Vaterlandes Verderb und Schaden, den er nicht verhüten mag, ertragen, wann er die gewaltige Stadt Troja, an welcher, wie die Meynung gewesen, die Götter selbst gebauet haben, siehet im Feuer stehen, und zu Staube und Asche werden? Wer will nicht seiner Freiheit getroster vergessen, wann er Hecuben, die Frau und Mutter so werther Helden, sieht überwunden und gefangen hinweg führen?“[38] Die *Trojanerinnen* waren eine lange Zeit hindurch die einzige vollständige deutsche Übersetzung einer römischen Tragödie.

Ein halbes Jahr später, am 2. Januar 1626, widmete der Dichter dem Rat der Stadt Schweidnitz die poetische Bearbeitung der *Klagelieder Jeremiae.*[39] Der Inhalt der *Klagen* war in den schweren Jahren des Dreißigjährigen Krieges überaus zeitgemäß, und die zahlreichen Übersetzungen in andere europäische Sprachen konnten für den Dichter nur ein weiterer Ansporn sein. Opitz geht von dem Text der Luther-Bibel aus und ist bemüht, weitgehende Treue dem Gedankengut des Originals gegenüber zu wahren. Er strebt jedoch danach, die einzelnen Gedanken klarer und eindeutiger auszudrücken, was ihm allerdings nicht immer gelingt. Der zweite Gesang, der die Zerstörung Jerusalems beweint, war der durch den Krieg geplagten deutschen Bevölkerung besonders nahe, und ganze Partien dieses Liedes könnten als eine Dichtung mit zeitgenössischer Thematik angesehen werden. Dasselbe gilt auch vom Schlußgebet des Propheten Jeremias:

> O Herr, bedencke doch, Herr, nimm dir doch zu hertzen
> Das Leid so uns betrifft: schau unsre Schmach und Schmertzen
> Mit Vater-Augen an, sieh' unser güld'nes Land,
> Das Milch und Honig trug, ist nun in frembder Hand,
> Und unsre Häuser auch, wir sind zu Waisen worden,
> Und unsre Mütter sind im armen Widwen Orden,
> Sie haben keinen Mann, wir keine Väter nicht,
> Und sind ohn Hilf und Trost ..."[40]

Opitz' Jeremiade, die in jambischen Alexandrinern geschrieben ist, zeichnet sich durch metrische Glätte und stilistische Ausschmückung aus. Sie fand gierige Leser, die in den Gedichten des Schlesiers Worte des Trostes suchten.

Nach der Ausgabe seiner Gedichte und der Übersetzung des Dramas von Seneca beschloß der Dichter, auch ein Muster eines modernen Romans in deutscher Sprache zu geben. Zu diesem Zwecke übersetzte er ein in Europa sehr populäres Buch, die *Argenis* von John Barclay.[41]

Der Dichter stützte sich dabei vor allem auf den französischen Text von N. Guibert.[42] Doch bediente er sich auch des lateinischen Originals, vermutlich in der Schleich-Ausgabe, die im Jahre 1623 in Frankfurt erschienen war.[43] Die Handlung des Romans spielt noch vor der Gründung Roms auf Sizilien. Barclay hatte bewußt die Handlung in entlegene Zeiten verlegt, um sich freier mit den Ereignissen, die sich auf dem damaligen politischen Schauplatz Europas abspielten, auseinandersetzen zu können. Sizilien ist nämlich das Frankreich der letzten Valois. Der Verfasser zieht verschiedene Intrigen der Fürsten und Könige ans Licht, erörtert die besten Regierungsformen und spart nicht Worte der Kritik an den Herrschenden. Er spricht über die Auferlegung von Steuern, über Militär und Krieg. Die historischen Partien sind mit Liebesgeschichten und Intrigen durchwirkt, auch fehlt es nicht an ungerechten Urteilen und blutigen Opfern.

Opitz' Übersetzung ist wortgetreu. In sprachlicher Hinsicht leidet sie etwas unter zu häufiger Anwendung von Hauptwörtern, die sich aus der Nachahmung der traditionellen lateinischen Stilistik ergab. Auch die Kanzleisprache spielte hier eine gewisse Rolle. Wenn wir zwischen der Übersetzung von Opitz und der modernen von Waltz[44] (XIX. Jh.) wählen sollten, müßten wir der Opitzschen den Vorzug geben. Sie bereichert die deutsche Sprache durch neue Ausdrucksmittel, die dann im XVII. Jahrhundert allgemeine Anwendung fanden. Einige Jahrzehnte später brachte der Schlesier Lohenstein in seinem *Arminius*, den er nach dem Muster der *Argenis* schrieb, diese Romangattung auf den Höhepunkt der Entwicklung.[45]

Trotz wachsenden Ruhms und unaufhörlicher Bemühungen gelang es Opitz bis in das Jahr 1626 nicht, eine ständige Beschäftigung, die ihn materiell sichergestellt hätte, zu erhalten. Der Herzog von Liegnitz hegte damals gegen den Dichter aus nicht näher bekannten Gründen deutlichen Unwillen. In dieser für Opitz schweren Zeit schloß er eine herzliche Freundschaft mit dem Breslauer Buchhändler David Müller, bei dem, angefangen vom Jahre 1624 bis zu des Dichters Emigration nach Polen, die meisten seiner Werke erscheinen konnten. Die vielseitige Bildung des Dichters, seine Kenntnis fremder Sprachen, seine dichterischen Fähigkeiten und sein ungewöhnliches Gefühl für aktuelle Probleme machten ihn in kurzer Zeit zum Helfer, Ratgeber und Freund des Verlegers. Martin Opitz brachte seine Freundschaftsgefühle in zahlreichen Gedichten, die sowohl freudige wie traurige Ereignisse im Leben Müllers widerspiegeln, zum Ausdruck.

Die materielle Lage des Dichters war jedoch weiterhin schwer, die Einkünfte waren unregelmäßig und ungenügend. Darum, als sich endlich die Gelegenheit bot, einen ständigen Posten bei Karl Hannibal von Dohna anzunehmen, entschied sich Opitz für diesen, obwohl sein neuer Brotherr ein Katholik war. Der achtundzwanzigjährige Dichter begann damit seine diplomatische Laufbahn, die er bis an sein Lebensende fortsetzen sollte. Seine bisherigen Bemühungen galten vor allem der Poesie. In dieser Zeit führte er mit seiner ganzen jugendlichen Glut und Ausdauer den Kampf um die neue deutsche Kunstdichtung. Im Laufe von einem Jahrzehnt bewältigte Opitz den weiten und schwierigen Weg von der neulateinischen Dichtung bis zu den musterhaften deutschen Werken in Poesie, Drama und Roman. Seine Ideen wurden von der studierenden Jugend und von den fortschrittlichen Kreisen, die auf die Besserung der deutschen Zustände hofften, mit Begeisterung aufgegriffen, seine Werke eifrig gelesen und nachgeahmt. Sie bedurften nicht des „Placet" der Fruchtbringenden Gesellschaft. Der entscheidende Durchbruch des Frühbarock erfolgte abseits von Hof und Sprachgesellschaft. Doch die Zeitverhältnisse waren der neuen Dichtung nicht gnädig. Durch den Krieg verarmte das Volk, und die Dichter mußten sich in Abhängigkeitsverhältnisse zu Hof, Kirche oder Patriziat begeben. Vor derselben Notwendigkeit stand auch Opitz. Mit der Annahme des Dienstes bei Dohna begann für ihn ein neuer Lebensabschnitt, in dem die Dichtung auf den zweiten Platz rücken mußte. Der gefeierte Dichter wurde zum gewandten Diplomaten.

IM DIENSTE DES BURGGRAFEN VON DOHNA

Wie sich später zeigte, sollte die Wiener Reise in Opitz' Leben eine bedeutende Rolle spielen. Bei dieser Gelegenheit lernte er Karl Hannibal von Dohna, den Präsidenten der Schlesischen Kammer, persönlich kennen.[1] Der ehrgeizige Burggraf, Sohn eines fanatischen Lutheraners, trat zum Katholizismus über und wurde zum treuen Diener des Hauses Habsburg. Im Mai 1620, als er Friedrich V. nicht huldigen wollte, wurden ihm seine Besitztümer entzogen, und er mußte Schlesien verlassen. Dann führte er im Auftrage des Kaisers am Dresdner Hof Unterhandlungen, die gegen die Protestanten gerichtet waren.

Im Jahre 1623 wurde Dohna zum Präsidenten der kaiserlichen Kammer in Breslau ernannt. Von Ferdinand unterstützt, gelang es ihm, seinen Machtbereich auf Kosten der schlesischen Stände bedeutend zu erweitern. Herzog Georg Rudolf, der offizielle Statthalter Schlesiens, wurde in den Schatten gestellt und sein Wirkungsbereich auf ein Minimum eingeschränkt. Dadurch entstand ein scharfer Gegensatz zwischen Dohna und dem Fürsten. Der Haß gegen Karl Hannibal, der eine Folge seiner rücksichtslosen religiösen Unterdrückung der Protestanten und seiner absolutistischen Machtansprüche war, steigerte sich nicht nur in den mit der Reformation sympathisierenden Kreisen, sondern sogar in den Reihen der Anhänger Ferdinands, die ihn am kaiserlichen Hof bekämpften.

Die erste Begegnung zwischen Opitz und Dohna hatte in einer Zeit stattgefunden, da der Burggraf am Anfang seiner politischen Laufbahn stand und sich noch nicht durch sein brutales Vorgehen gegen den Protestantismus unbeliebt gemacht hatte. Diesen Kampf führte er nicht etwa aus religiösen, sondern vor allem aus politischen Gründen. Daß der Dichter und der Burggraf einander näherkamen, war wahrscheinlich in der gleichen Gemütsart der beiden begründet. Beide kennzeichnet ein ungewöhnlicher Ehrgeiz, Interesse für die Wissenschaft und Neigung zu flüchtigen Liebschaften. Der gebildete Dohna, den die protestantischen Bürger Breslaus mieden, suchte nach einem Menschen, der ihm Gesellschaft leisten und intellektuelle Unterhaltung bieten könnte. Die religiösen Unterschiede waren für die Annäherung der beiden kein Hindernis, denn sowohl Dohna, den Katholiken, wie Opitz, den Reformierten, kennzeichnete religiöse Indifferenz.

Etwa ein Jahr nach seiner Rückkehr aus Wien schrieb Opitz am 17. Februar 1626 an Venator, daß im Laufe der nächsten vier Tage der

Baron von Dohna, ein Katholik, aber ein sehr gebildeter Mann, nach Liegnitz kommen werde, um mit ihm über seine Anstellung zu verhandeln.[2] Opitz nahm den Antrag des Burggrafen an und trat in seine Dienste. Er glaubte jetzt, dank seinem Gönner endlich ganz seiner Dichtung leben zu können. Doch sollte sein Wunsch vorläufig nicht in Erfüllung gehen. Der Dichter wurde nämlich von Dohna zu einer engen politischen Zusammenarbeit herangezogen, die ihn vom literarischen Schaffen fernhielt.

Da Schlesien damals von den Unruhen des Krieges nicht verschont blieb, sah Dohna sich gezwungen, eine maximale Aktivität zu entwickeln. Der Burggraf traf fieberhafte Vorbereitungen zum Kampf mit der Armee Mansfelds und führte im Auftrage des Kaisers lebhafte Verhandlungen mit dem Kurfürsten von Brandenburg.[3] In einem seiner Briefe schrieb Opitz, daß er noch nie so viele Irrfahrten unternommen habe wie gerade jetzt, da er auszuruhen hoffte.[4]

Anfang Juli 1626 begann Mansfeld mit seiner Armee einen Kriegszug gegen Schlesien. Dohna weilte um diese Zeit in Berlin, um den Kurfürsten von Brandenburg zur Teilnahme am Kriege an der Seite des Kaisers zu bewegen. Infolge des unerwartet schnellen Vormarsches der Mansfeldschen Armee wurden die Verhandlungen schleunigst unterbrochen. Dohna trat sofort die Rückreise an, während der ihn begleitende Opitz mit Pferden und Gepäck auf dem sicheren Umweg über Sachsen in die Heimat zurückkehrte. Am 15. Juli berichtet er darüber Buchner aus der nur 6–7 Meilen von dem Aufenthaltsort des Freundes entfernten Stadt Baruth.[5] Er spricht dabei die Vermutung aus, daß er in der nächsten Zeit gezwungen sein werde, im Kriegslager zu leben, um sich nicht leichtsinnig von seinem Gönner trennen zu müssen.

Ende August weilte Opitz wieder in Sachsen, um Angelegenheiten Dohnas am Dresdner Hof zu erledigen.[6] Von Dresden kehrte er eiligst zum Burggrafen nach Schlesien zurück, da dieser in einem Scharmützel mit feindlichen Truppen bei Oppeln leicht verletzt worden war.[7] Kurz darauf erhielt der Dichter neue Aufträge, die ihn veranlaßten, im Laufe der nächsten Monate mehrere Reisen zu unternehmen.[8]

Wahrscheinlich nahm er in dieser Zeit mit einer von Oberst Pachmann angeführten militärischen Abteilung auch an den Kampfhandlungen teil. Der Vorstoß der kaiserlichen Truppen mißlang jedoch und endete mit einer panischen Flucht. Opitz entfloh als einer der ersten.[9] Es ist möglich, daß sich darauf die folgenden Verse aus dem *Lob des Kriegsgottes* beziehen:

> ... Daß aber etwan ich den sichern Weg genommen,
> Und aus dem letzten, Marß, der erste worden bin,
> Mein Roß darzu gezehlt, so wisse daß mein Sinn

Gar nie gewesen sey dem Feinde stand zu halten.
Wer jung erschossen wird der pfleget nicht zu alten,
Und stirbt zu tode hin. Es wird mir auch gesagt,
Der Fürwitz sey ein ding das einem der sich wagt
Nicht allzeit wol bekömpt, und wird ihm gar zu theuer.
Poetenvolck ist heiß, ist leichte wie ein Feuer,
Geht durch, reißt aus ihm selbst, ist wie ein edles Pferdt
Das nie kan stille steh'n, und allzeit fort begehrt.
Solt' ich, O Marspiter, in Graß gebissen haben,
Wer würde doch ein Lied von dir und deinen Gaben
Erdencken als wie ich? Es ist ja recht und war,
Daß ohne diß sich jetzt der Teutschen Tichter Schaar
Sehr starck zu Felde schreibt: Doch Reime von der Erden
Die taugen nicht für dich . . .
Dem einen ist zu thun, zu schreiben mir gegeben,
Und möcht' ich, wie geschieht, nicht in den Büchern leben,
Ich lebte gar nicht mehr: Was soll dann Kriegesfall
Mein Sterbekittel seyn? Kein Mensch der stirbt zweymal.
Ein Fechter bin ich nicht: ich kan wol Wettelauffen
Wann Feind fürhanden ist. Mit Balgen und mit Rauffen
Wird keinem was gedient: der ist gar wol daran
So and're ruhen läst und selber ruhen kan.[10]

In diesen Monaten wurde das Leben für Opitz recht schwer. Die vielen unbequemen und gefahrvollen Reisen waren ihm lästig. Er sehnte sich nach Ruhe und war recht erfreut, als er Ende 1626 endlich in sein „Museum" in die Breslauer Burg zurückkehren konnte, um sich ganz seiner Dichtung zu widmen. In zahlreichen Briefen und Gedichten brachte er seine Dankbarkeit Dohna zum Ausdruck, der ihm in dieser schweren, unruhigen Zeit die Rückkehr zu den Musen ermöglichte.

Opitz arbeitete damals an der Übersetzung des *Hohenliedes*, die er am 31. Dezember dem kaiserlichen Rat Horatius Fornus widmete.[11] Die Auswahl dieses Textes ist vom Dichter mit Sorgfalt getroffen worden. Das *Hohelied* entsprach nämlich sowohl den Anforderungen der Katholiken wie der Protestanten, und der erotische Inhalt sorgte für einen breiten Leserkreis. Opitz nahm sich die von Luther besorgte Übersetzung zum Vorbild, bemühte sich jedoch, Unklarheiten aufzuhellen und Nur-Angedeutetes ausführlich darzustellen, wodurch die Übersetzung allerdings an poetischer Kraft verlor. Die Lust am Belehren des Lesers und die Bemühungen, ihm ein Werk ohne Rätsel mit einer anwendbaren Interpretation vorzusetzen, ist für sein ganzes Schaffen typisch. Dieser rationalistische Zug steigert noch das erotische Element in seiner Paraphrase des *Hohenliedes*, was sich keineswegs günstig auf den künstlerischen Charakter des Werkes auswirkt. Opitz führt zwar in der Vorrede die traditionelle Interpretation der Gesänge Salomos an, laut welcher die besungene Braut „die außerwählte Kirche deß Höchsten" sein soll, im Werke selbst bedient er sich jedoch einer weltlichen Sprache, die von allem religiösen Mystizismus und Pathos frei ist. Die Opitzsche Paraphrase weist deutliche Verwandtschaftsmerkmale mit der weltlichen Schäferdichtung auf. Opitz selbst lenkt die Aufmerksamkeit des Lesers darauf: „Wie er (Salomo) dann, als der von einem andern Geiste weder die Heydnischen Poeten angeblasen wird, an diesem Orte alle Ziehr, Art und eygenschafft der Eclogen der Hirten gedichte begriffen hat. Es sind, wie auch von andern auffgezeichnet worden, hierbey keine andere Personen als Hirten, keine andere Worte als von der Liebe, keine Vergleichungen und Exempel als vom Felde genommen. Sie verlassen die Stadt, bleiben auff den Aeckern, essen in den Gärten, singen umb das Obst und die Bäume ..."[12]

Dem biblischen Vorbild des *Hohenliedes* folgend, das in acht Kapitel eingeteilt ist, schrieb Opitz acht Lieder. Vier Gesänge bestehen aus sechszeiligen Strophen mit sieben-, acht- und neunsilbigen Versen, die anderen Lieder haben vierzeilige Strophen. Zwei von ihnen sind in zehn- und elfsilbigen Versen geschrieben, das letzte aber in Alexandrinern mit männlichen und weiblichen Reimen. Die originellste Form besitzt das dritte Lied, in welchem auf je einen Elfsilber ein Sechssilber folgt, kreuzweise gereimt. Diese beabsichtigte Ungleichmäßigkeit der metrischen Formen sollte ein weiterer Beweis und ein Beispiel sein für die vielseitigen Möglichkeiten der neuen Poesie.

Opitz hat seine Paraphrase dramatisiert, indem er die Lieder König Salomo, der Sulamithin und den Jungfrauen Jerusalems in den Mund legte. Seine Dichtung erlebte noch im selben Jahrhundert über ein Dutzend Ausgaben und regte auch andere zur Bearbeitung dieses Themas an, mit dem sich im XVII. Jahrhundert an die 50 Autoren befaßt haben. Im Jahre 1645 (die zweite Ausgabe erfolgte im Jahre 1658) hat Andreas Hammerschmied zu den Worten von Opitz die Musik „in ein und zwei Vokalstimmen, zwei Violinen, einem Instrumental- und Generalbaß componiert".[13]

Zufällig wurde Opitz auch zum Mitschöpfer der ersten deutschen Oper. Im Jahre 1597 hatte man in Florenz die erste kleine Oper unter dem Titel *Daphne* aufgeführt. Die Musik zu dem Text von Rinuccini schrieb der bekannte Jacopo Peri. Die Oper fand eine begeisterte Aufnahme, so daß sie während des Karnevals im Jahre 1598 und 1599 wiederholt wurde. Durch Vermittlung des berühmten Komponisten Heinrich Schütz gelangte die Nachricht von den glänzenden Erfolgen der *Daphne* an den Hof des Kurfürsten Johann Georg von Sachsen. Der

Fürst beschloß, durch ihre Aufführung die Vermählung seiner Tochter Sophie Eleonore mit Georg II., dem Grafen von Hessen, zu verherrlichen.

Die Übersetzung des Textes wurde Opitz übertragen. Dies geschah vermutlich während seines Aufenthaltes in Dresden im August 1626.[14] In kurzer Zeit hat Opitz seine Aufgabe erfüllt. Er schrieb ein Gedicht, das an Versifikationsgeschicklichkeit alles übertraf, was bisher von ihm geschaffen wurde. Schon der Prolog besitzt einen komplizierten Bau. Jede der sieben sechszeiligen Strophen ist nach folgendem Schema aufgebaut:

Vers	*Zahl der Silben*	*Metrik*	*Reime*
1.	10	Jamben	a
2.	11	Jamben	b
3.	8	Jamben	a
4.	9	Jamben	b
5.	7	Trochäen	c
6.	7	Trochäen	c

Diese versifikatorische Virtuosität, die Verschiedenheit der Formen (er wendet auch madrigalische Verse an) und die Leichtigkeit, mit der sich der Dichter ihrer bedient, fanden allgemeine Anerkennung. Auch inhaltlich hat dies Gedicht über das Schicksal der von Apollo verfolgten Daphne seine Bedeutung. Es trug neben andern Dichtungen des Schlesiers mit dazu bei, daß in Deutschland das Interesse für die Schäferpoesie wachgerufen wurde.

Der lyrisch-idyllische Charakter der deutschen Überarbeitung eignete sich nicht für den dramatischen Sprechgesang des Werkes, das Peri komponiert hatte, so daß es notwendig wurde, diesen neuen Text noch einmal zu vertonen. Diese Aufgabe erfüllte Schütz, der in der deutschen Musik eine ähnliche Rolle spielte wie Opitz in der Dichtung. Am 3. Mai 1627 wurde die Oper *Daphne* zur Feier der fürstlichen Hochzeit im Schloß Hartenfels bei Torgau aufgeführt. Leider ist die Partitur von Schütz verlorengegangen, es blieb nur die Übersetzung von Opitz.

Die verhältnismäßig ruhige Periode im Leben des Dichters dauerte nur einige Monate. Am 30. April 1627 beauftragte der Kaiser den Burggrafen Dohna, sich in Angelegenheiten des schwedisch-polnischen Krieges zum polnischen König zu begeben. Auf dieser Reise, deren Ziel Warschau war, wurde Dohna von Opitz begleitet. Kaiser Ferdinand entsandte Dohna nach Polen, um den polnischen König von dem beabsichtigten Friedensabschluß mit Schweden abzuhalten. Der Gönner des Dichters war sich der Schwierigkeit seiner Mission bewußt. Noch vor seiner Abreise erhielt er nämlich vom Grafen Dönhoff, dem Vertrauten des Königs Sigismund III., einen ausführlichen Bericht über den Stand des schwedisch-polnischen Krieges.[15]

Nach seiner Ankunft in Warschau konnte er sich davon überzeugen, daß die Stimmung am königlichen Hofe für seine Mission ungünstig war, denn infolge der Blockade der Weichselmündung durch die Schweden lag der polnische Handel lahm, und man war daher geneigt, mit den Schweden Frieden zu schließen. Der Bericht, den Dohna am 9. Mai an den Kaiser sandte, spiegelt diese für die Habsburger ungünstige Lage wider.[16] Der polnische Lehnsmann, Kurfürst von Brandenburg, nahm eine zweideutige Haltung ein. Darum begaben sich Dohna und Opitz unmittelbar von Warschau nach Preußen, um Georg Wilhelm dazu zu bewegen, sich an die Seite des Kaisers zu stellen. Anfang Juni reiste der Burggraf mit Opitz wieder nach Schlesien zurück,[17] nachdem sie sich eine kurze Zeit im Kriegslager des Fürsten Ferdinand aufgehalten hatten.[18]

Anläßlich seiner Rückkehr schreibt Opitz ein Lobgedicht auf seinen Gönner.[19] Der Dichter gedenkt der Familie Dohnas, erinnert an Abraham, den Vater des Burggrafen, der gleichfalls als kaiserlicher Gesandter nach Polen gereist war:

> Der Pohle hat in ihm den Kayser selbst geehrt,
> Vnd seiner Rede Macht bestürtzet angehört.
> Der grosse Moscowit hat seine prächtig' Ohren
> Hin gegen ihm geneigt, und in sein Wort geschworen.[20]

Opitz unterstreicht die vielseitige Bildung Karl Hannibals, seine Kenntnis fremder Sprachen und seine Kriegsverdienste. Dafür aber, was Dohna für ihn getan, will er ihm sein schriftstellerisches Talent zur Verfügung stellen:

> Ich bin kein Hofemann, ich kann nicht Rauch verkauffen,
> Nicht küssen frembde Knie, nicht unterthänig lauffen
> Nach Gunst, die Gläsern ist; mein Wesen Gut und Ziehr
> Ist Lust zur Wissenschaft, ist Feder und Papier.
> Diß sey dir gantz geschenckt, an stat der vielen Gnaden . . .[21]

Der Dichter, dem das viele Reisen und das Lagerleben zuwider war, lobte die Absicht seines Gönners, ihm auch fernerhin die schöpferische Arbeit zu ermöglichen.

> Du hebst mich über mich, du wilt mich gantz befreyen
> Von deiner Waffen last, wilt mich den Musen leyhen,
> Die meine Freunde sind, und mir in ihrer Schoß
> Entbinden meinen Geist, der nachmahls frey und loß
> In tausend Bücher geht. Du lässest mich nur machen
> Ein Nest der stillen Ruh, aus dem ich kan verlachen,
> Kan werffen unter mich Neyd, Hochmuth, Gelt und Welt,
> Kan schaffen, was nach Gott und dir mir selbst gefällt.[22]

Als Gegenleistung dafür verspricht der Dichter die Taten seines Gönners in seinen Gedichten zu preisen. – Im Juli begab sich Dohna nach Wien, um einen genauen Bericht über den Verlauf seiner diplomatischen Mission und den siegreichen Kampf gegen die Überreste der Mansfeldschen Armee in Schlesien zu erstatten.

Über die Rolle, die Opitz während der Reise nach Polen spielte, fehlt es an genaueren Angaben. In der Korrespondenz des Dichters finden wir keine näheren Einzelheiten darüber.[23] Daß sein Anteil an diesem Unternehmen groß gewesen sein muß und daß er sich in dieser Zeit die volle Sympathie seines Gönners erworben hatte, beweist die Tatsache, daß Dohna am kaiserlichen Hof den Antrag stellte, dem Dichter das Adelspatent und den Beinamen „von Boberfeld" zu verleihen.[24]

Der Adelsbrief trägt das Datum des 14. September 1627 und hat folgende Begründung: ...„Wan wir (Ferdinand der Andere) dann gnädigst angesehen, wahrgenommben vnd betrachtet die Ehrbarkeit, Redlichkeit, adeliche gute Sitten, Tugendt, Vernunft, Geschicklichkeit, vnd Wolverhältnüss, darmit vor Vnser Kay. vnd Königl. Persohn der Erbare Vnser lieber getrewrer Martin Opicz vom Boberfeld, sonderlich von dem (Tittl) Burggrafen Karl Hannibaln von Dohna sonders berühmet worden, Benebens auch erwogen, die Vnterhänigst-trewist und gehorsambst dienste, der gegen Vnss vnd Vnserm hochlöbl. Erzhaus Osterreich Er Opicz sich demütigst anerkannt, auch seinen guten qualiteten nach wol thun kann, sol vnd mag: ..."[25] Die Überreichung des Adelsbriefes erfolgte einige Monate später.

Anfang Oktober schreibt Opitz aus Neiße Briefe an seine Freunde, und am 15. November passiert er Liegnitz und widmet bei dieser Gelegenheit seinem ehemaligen Beuthener Professor Melideus ein Verlobungsgedicht.[26] Im Dezember finden wir Opitz in Prag, wohin der Kaiser den böhmischen Landtag einberufen hatte, um seinen ältesten Sohn Ferdinand III. mit der böhmischen Krone krönen zu lassen. Aus diesem Anlaß verschenkte Ferdinand viele Würden an seine Anhänger, und Opitz erhielt den Adelsbrief. Diese Opitz zuteil gewordene Auszeichnung befriedigte ihn jedoch kaum. Denn sie verbesserte nicht seine materielle Lage und mußte von seinen protestantischen Freunden als kompromittierend empfunden werden. Sie bezeugte, daß Opitz diensteifrig den Wünschen und Befehlen seines erzkatholischen Vorgesetzten nachkam.

Darum erwähnt auch der Dichter in seiner Korrespondenz diese Auszeichnung nur mit großer Zurückhaltung. Seinen Brief an Balthasar Venator vom 4. Mai 1628 versieht er mit der ironischen Anmerkung: „MARTINUS OPITIUS DE BOBERFELDT. (Sum enim, Caesare ita volente, eques ἄνιππος et nobilis sine rusticis)".[27] Später unterzeichnet der Dichter seine Korrespondenz und seine poetischen Schriften ohne oder mit Adelstitel, wie er es gerade für gut hält. Im Februar 1628 weilte Opitz wieder in Breslau und nahm seine schriftstellerische Tätigkeit auf. Außer einigen Gelegenheitsgedichten schrieb er eine längere Dichtung mit dem Titel *Lob des Kriegsgottes (Laudes Martis)*.[28]

In diesem Gedicht weiß Opitz alles das, was ihm aus der Mythologie über Mars bekannt war, geschickt zu verwerten. Im Anhang bringt er reiche Anmerkungen mit griechischen und lateinischen Zitaten und führt zahlreiche Werke der Alten an, auf die er sich in seinem deutschen Text stützt. Wie es in einem Lobgedicht üblich war, besingt Opitz in seiner Dichtung Leben, Taten und Mißgeschicke des Gottes, die er mit allgemeinen Erwägungen über den Krieg und seine Folgen durchwirkt, wobei immer wieder geschickte Anspielungen auf das schon seit Jahren in Deutschland andauernde Blutvergießen gemacht werden. Der Dichter lobt scheinbar den Kriegsgott Mars und sein verbrecherisches Werk, verlacht jedoch mit Ironie die Menschen, die ihm huldigen und ihm gleichsam zum Opfer fallen. Aus der bunten Vielfalt der Gedanken, die dem Gedicht den Zug einer verschleierten Satire geben, sollen einige angeführt werden.

Opitz stellt unter anderem fest, daß ein Volk, das immer wieder unter Krieg zu leiden hat, einem trotzigen Esel gleich ist, da es aus seinen Erfahrungen nichts gelernt hat und seine eigensinnige Haltung weder Schläge noch Worte zu ändern vermögen. Es sehnt sich nicht nach Freiheit und erträgt stumpfsinnig sein schweres Los. Erst wenn es die blutige Last des Krieges zu tragen hat, besinnt es sich, aber dann ist es gewöhnlich schon zu spät. Drohend klingt die Frage, die der Dichter in einem anderen Zusammenhang stellt: „Was soll ich aber sagen von dir du Deutsches Land, was du vor Frucht getragen, du Mutter der Gewalt, der Stärk und Kriegesmacht?"[29]

Der Edelmann haßt den Bürger, der Bürger den Bauern, der Reiche den Armen, und alle kämpfen gegeneinander. Warum also sollten die Könige, Fürsten und Herren nicht Kriege führen? Nach dieser scheinbaren Rechtfertigung der Herrscher weist der Dichter in eindringlichen Worten auf die verheerenden Folgen des Krieges hin: Not, Hunger, Krankheiten und Tod. Er geißelt die von den Söldnerheeren verübten Untaten, und immer wieder greift er zur Ironie, um seinen Gedanken freie Bahn zu geben. Dem deutschen Vaterland, wo der Landsknecht zecht und frißt, ruft der Dichter zu: Nur fort mein Vaterland, saufe und kämpfe, denn das macht Mut.[30] Auch die Kriegsgewinnler, die in den uneroberten großen Städten, zu denen Breslau gehörte, ihr Geschäft trieben, werden herangeholt, um das Bild abzurunden:

> ... Wo Kriegesgurgeln sind da wächst der Handwercksmann;
> Der Gastwirt freuet sich; der Weinschenck ist bemühet;

Der Goldschmied steht früh auff; der reiche Schneider siehet
Wo neue Häuser sind, weil itzund auff ein Kleyd
So viel gewaget wird. Es trug für dieser Zeit
Den grossen Himmelsbau der Atlas wie sie sagen:
Jetzt wird auff einer Hos' ein gantzes Dorff getragen,
Die Bauren und der Schultz; vorauß weil sie zur Pracht
Und dann zum Vorteyl auch was länger wird gemacht,
Und Raum zur Beute hat. Zwar eine stoltze Feder,
Ein Ring, ein güldnes Schwerd, und auch ein Güldnes Leder
Schmeist keine Feinde nicht. . .[31]

Wenn der Söldner Geld bekommen hat, wächst sein Mut, denn Geld und rotes Gold sind Seele und Blut des Menschen.

Das Gedicht *Lob des Kriegsgottes*, das Opitz seinem Gönner widmet, findet sowohl bei Katholiken wie auch bei Protestanten Anklang und unter den Dichtern Nachahmer. Schon in den nächsten Jahren wenden sich einige der Kriegsproblematik zu. Einer von ihnen verdient hier besondere Erwähnung, und zwar Daniel Czepko. Sein Schaffen ist so eindeutig von fortschrittlichem Geiste erfüllt, daß die Reaktion es bewußt totschwieg und die meisten seiner Werke Jahrhunderte hindurch nicht veröffentlicht wurden. Zu denen gehört auch die Dichtung *Coridon et Phyllis*, deren zweiter Teil die gesellschaftlichen und politischen Zustände des Dreißigjährigen Krieges in Schlesien widerspiegelt. Erinnern wir uns an die am Anfang dieses Kapitels angeführte Stelle aus dem *Lob des Kriegsgottes*, in der Opitz sein Verhältnis zum Krieg charakterisiert: „. . . Doch Reime von der Erden die taugen nicht für dich . . . Kein Mensch der stirbt zweymal“. Ähnliche Gedanken finden wir auch bei Cezpko:

. . . Fürsten mögen Kriege führn,
Ich will, ob sie Drommeln rührn,
Meine Haut doch nicht verkauffen:
Dieses Tichters Handvoll Blut
Darff sich umb des andern Gut
Nicht bis in die Grube rauffen. . .[32]

Opitz' Vorsicht war jedoch ganz und gar begründet, da nach den im Vorjahr errungenen Siegen der Habsburger der religiöse und politische Druck immer stärker wurde. Die einzige Möglichkeit war die geschickte Ironisierung, von der Opitz in seiner Dichtung vollen Gebrauch machte. Sie wurde jedoch oft für bare Münze genommen und die Dichtung ganz und gar mißverstanden. Opitz selbst schrieb über sein Werk an Buchner: „Du erhältst von mir das Lob des Kriegsgottes oder vielmehr eine Satire gegen die Nichtigkeit unseres Krieges. Über dieses Werk erbitte ich mir dringend dein Urteil, das ich ja auch sonst immer sehr hoch geschätzt habe, und hoffe, daß du die Freimütigkeit billigen wirst, mit der ich bei unserer unterdrückten Lage offen meine Gedanken auszusprechen gewagt habe."[33]

Am 3. Juli 1628 widmete der Dichter seinem Gönner Georg Köhler von Mohrenfeldt eine deutsche Bearbeitung des *Jonas*,[34] der eine lateinische Dichtung des Hugo Grotius zugrunde lag. Opitzens Gedicht ist mit reichen polyhistorischen „Außlegungen und schönen Gedanken" versehen, die an Umfang das Gedicht selbst übertreffen.

Opitz brachte sich auch dem Fürsten von Liegnitz in Erinnerung, indem er anläßlich der Abreise Georg Rudolfs nach Warmbrunn bei Hirschberg ein Gedicht verfaßte.[35] Im gleichen Jahre erscheint die zweite Auflage der *Episteln der Sontage vnd fürnehmsten Feste*.[36]

Gerade jetzt, da es schien, als ob sich das Leben des Dichters etwas ruhiger gestalten sollte, traten neue Hindernisse auf. Im Jahre 1628 nahm die von der gegenreformatorischen Bewegung in Schlesien geübte religiöse Unterdrückung ungewöhnliche Ausmaße an. An der Spitze des gegen die Protestanten geführten Kampfes stand, von den Jesuiten unterstützt, die auch in der Breslauer Burg Wohnung genommen hatten, Karl Hannibal von Dohna. Die Hauptkraft dieser „Missionsarbeit" waren die Dragoner Lichtensteins, die die Bewohner zahlreicher Städte Schlesiens zwangen, entweder den Katholizismus anzunehmen oder Schlesien zu verlassen. Am 20. Januar 1629 drang eine Abteilung dieser Lichtensteinschen Dragoner unter der Führung des grausamen de Solis in Bunzlau ein.[37] Der Vater des Dichters, der sich nicht von seinem Glauben lossagen wollte, mußte die Stadt verlassen und begab sich zuerst nach Sachsen[38] und von dort nach Polen.[39]

Auf Opitzens Bitte wandte sich Dohna in einem Schreiben an den Stadtrat von Bunzlau und befahl, Sebastian Opitz, seiner Frau und seinen Kindern den Aufenthalt in der Stadt und die Ausübung seines Berufes auf ein Jahr zu gewähren. In dieser Zeit sollten sie entweder den wahren katholischen Glauben annehmen oder ihr Hab und Gut verkaufen und sich anderswo ansiedeln.[40]

Die Gegenreformation zog immer weitere Kreise. Sie machte auch vor der Breslauer Burg nicht halt. Die Jesuiten hegten Mißtrauen gegen den reformierten Dichter, der überdies noch der Vertrauensmann von Dohna war. Die Stellung, die Opitz als Geheimsekretär des Burggrafen innehatte, war sehr verlockend für die Jesuiten. Darum gingen sie auch bald zum Angriff gegen den Dichter vor. Dieser hatte jedoch nicht die geringste Lust, seine Stellung und sein „Museum" in der Piastenburg zu verlassen. Die Rücksicht auf seinen Vater und seine Familie spielte hier ebenfalls eine wichtige Rolle. Darum beugte er sich dem Druck der Ordensvertreter und, wie aus einem Brief an Coler hervorzugehen scheint, nahm sogar an den katholischen Gottesdiensten teil: „Intueri nugas ceremoniarum hactenus coactus fui: ut credam, quae Deus vetat, nemo mortalium me coget...“[41] Es fiel Opitz um so leichter, da ihm die Glaubensfragen ziemlich gleichgültig waren und seine Weltanschauung weder protestantisch noch katholisch gewesen ist. Ferner muß man bedenken, daß zu gleicher Zeit Tausende von Schlesiern zum Glaubenswechsel gezwungen wurden und Opitz' Schwanken keine Ausnahme bildete.

Um sich gegen die gefährlichen Jünger des Loyola zu sichern, übersetzt Opitz auf Anraten Dohnas das lateinische Buch des Jesuiten Martin Becanus *Manuale controversiarum*,[42] eine Sammlung verschiedenartiger Argumente, die das Bekehren zum Katholizismus zum Ziel hatten. An dieser Übersetzung arbeitet Opitz, wie dies aus einem Schreiben Dohnas hervorgeht, fast ein halbes Jahr. Die Druckerlaubnis wurde am 19. April 1629 erteilt, die Übertragung fällt also auf das Ende des Jahres 1628 und die ersten Monate des Jahres 1629, die Zeit der größten religiösen Unterdrückung in Schlesien. Diese Arbeit, die von Opitz geheim gehalten wurde, gereicht ihm natürlich nicht zur Ehre. Vor seinen protestantischen Freunden sucht Opitz seine Handlungsweise zu verbergen. In Briefen an Buchner und Lingelsheim vom Mai, Juni und Juli, also in einer Zeit, da sich das *Manuale controversiarum* schon im Druck befand, beklagt er sich über die Ordensbrüder Loyolas[43] und beschreibt in farbenreichen Bildern, wie er, von den Jesuiten verfolgt, alles geduldig erträgt und nur das Wohl seiner Familie und die Liebe, die ihm Dohna entgegenbringt, im Auge hat.

Dies war wohl eine Erfindung des Dichters, denn die Beziehungen, die damals zwischen Opitz und den Jesuiten bestanden, waren höchstwahrscheinlich gut. Davon zeugt nicht nur Opitz' Übersetzung des Buches von Becanus, sondern auch seine Entsendung in die Jesuitenschule zu Kalisch in Polen, um die sich dort bildenden Söhne Dohnas zu besuchen, sowie zwei Schmähgedichte auf die Eroberung Magdeburgs, was in protestantischen Kreisen große Empörung hervorgerufen hatte.[44]

Das *Manuale* wurde in Mainz ohne Angabe des Übersetzers gedruckt.[45] Am 2. Dezember 1630 übersandte Dohna das Buch dem Kaiser und wandte sich gleichzeitig mit der Bitte an ihn, er möge erlauben, Opitz 200 Taler auszuzahlen. Dieses Schreiben Dohnas und die positive Antwort hat man gegen Ende des 19. Jahrhunderts im Schlesischen Staatsarchiv aufgefunden.[46]

Wie wir schon erwähnt haben, wurde Opitz im Sommer 1629 von seinem Gönner beauftragt, nach Polen zu fahren, um die Söhne Dohnas, die unter den wachsamen Augen der Jesuiten in Kalisch erzogen wurden, zu besuchen. Bei dieser Gelegenheit überreichte Opitz den Jungen eine

Übersetzung der bekannten Distichen des Cato *De moribus ad filium* mit einer an sie gerichteten Widmung.[47]

Im Juli 1629 unterzeichnete Opitz auf der kaiserlichen Burg ein Gedicht, *Vielguet* betitelt.[48] *Vielguet* ist der Name eines Gutes des Fürsten Heinrich Wenzel von Münsterberg-Oels, der seit dem Jahre 1628 schlesischer Landeshauptmann war. Er hatte jedoch kaum etwas zu sagen und hielt eigentlich nur den Vorsitz in dem Kollegium des Oberamts, das durch kaisertreue Räte besetzt war und mit Stimmenmehrheit abstimmte. Der eigentliche Herrscher Schlesiens war Dohna. In dessen Auftrag kam wohl Opitz nach Vielguet, wo er die Gastfreundschaft des Fürsten genoß, wofür die obenerwähnte Dichtung seinen Dank ausdrücken sollte. Opitz erörtert in ihr die Frage nach dem höchsten Gut, denn so deutet er den Namen Vielguet. Meistens hat das, was die Menschen für ihr Bestes halten, woran sie denken und wonach sie streben, keinen wirklichen Wert. Wie in anderen Gedichten betont Opitz die Macht des Goldes, die einen großen Teil der Menschheit regiert. Diese Gewinnsucht aber hat schlimme Folgen:

> ... Nun weiß man umb das Gold und auch umb Haß und Streit,
> Da noch kein Gold nicht war, da war die güldne Zeit.[49]

Der Goldrausch machte sogar vor dem Himmel nicht halt, und die Götter des Olymps bedienen sich dieser falschen Pracht:

> ... Ja der Gerechtigkeit, die nie geliebt den Schein,
> Muß ihre Wage-Schal ietzt selbst vergüldet seyn.
> So ist das arge Goldt ein Gott der Götter worden:
> Der Himmel geitzet auch, und reitzt mit seinem Orden,
> Den er bey Gütern darbt, der seinen Feind bewacht,
> Sich hasset und liebt Gelt, das blind ist und blind macht.[50]

Auch in diesen Versen finden wir Anspielungen auf die Zeitverhältnisse. Opitz sah deutlich, daß zu seiner Zeit „dem Gelde" eine wichtige, ja oft entscheidende Rolle zufiel und nicht nur dem religiösen Streit, was die bürgerlichen Geschichtsforscher in der Regel übersehen. Jedoch weder Reichtum noch Macht sind das beste Gut. Die Gewalt des Herrschers ist begrenzt, da sie sich nur auf das Äußere des Menschen erstreckt. Diese Worte des Dichters, die in der Zeit größter Unterdrückung und Verfolgung in Schlesien niedergeschrieben wurden, entbehren nicht des Mutes, um so weniger, da er noch weiter geht und den Sieg der unterdrückten Ideen über Fürstensinn voraussagt:

> ... Wann einer, dem sein Leib, sein eigen Fleisch und Blut
> Zum Herren worden ist, deß andern Leib und Leben
> In seinen Händen hat, beherrschet nur was neben,

Und nicht was in ihm ist? diß Fell, diß Uberkleidt
Kan unterthänig seyn: der Sinn bricht durch die Zeit
Und aller Fürsten Sinn, er läst sich nicht regieren
Von einer frembden Hand, nicht bey der Nasen führen,
Als wie ein armes Vieh, und was du für Gewalt
Hast über seine Haut, das hat auch der gestalt
Ein andrer über dich. . .[51]

Der Dichter weist auf die Schattenseiten des Lebens eines Herrschers hin, auf die Untreue der Höflinge, die nur die Macht, nicht aber die Person des Herrschers schätzen und diesen verraten, sobald sich die Glücksschale zu seinen Ungunsten senkt. Sogar vor dem Adel macht Opitz nicht halt, denn was bedeutet eine Unzahl edler Ahnen, wenn man selbst kein edles Leben führt. In diesem Zusammenhang erinnert Opitz an seinen Adelsbrief und verlangt Gleichberechtigung mit dem Geburtsadel. Diese Emanzipationsidee des aufwärts strebenden Bürgertums nahm ihren Anfang noch bei den Humanisten, die den Adel des Geistes dem Adel des Blutes entgegenstellten, und fand bei den Dichtern des 17. Jahrhunderts viele Anhänger.

Auch Schönheit, Ruhm und Genußsucht haben keinen dauernden Wert. Und so kommt Opitz auf das Landleben zu sprechen, das er schon oft gepriesen hat. Das Virgilianische fand unter den Dichtern damals immer mehr Anhänger, und Opitz war einer der ersten, der diese Zeitmode nach Deutschland verpflanzte. Er preist den Fürsten, der ein einfaches Haus in Vielguet dem Prunk der Paläste vorzieht und hier ein arbeitsames Leben führt. Opitz beschreibt kurz das Gut und schildert dann einen Arbeitstag des Fürsten. Selig ist der Mensch, wenn er dieses ruhige, aufrichtige, in sich gekehrte Leben führen kann. Opitz schließt dieses durchaus weltliche Gedicht mit stoisch-quietistischen Gedanken vom „innwendigen Himmelreich“:

Ein Leben das von Noth, von Creutze nit kan sagen,
Dem alles auff der Welt ergehet nach behagen,
Ist wie ein todtes Meer das gantz steht vnbewegt,
Und niemals an das Landt mit seinen Wellen schlägt.
Ein Fechter fordert auß, ein Landtsknecht liebt das Kriegen,
Ein weiser Mannes Muth will vber Unglück siegen,
Begehrt den Feind zu sehn; er steht wann alles fällt,
Und schlügen schon vielleicht auch Stücke von der Welt
Auff seinen Halß herab; er kan mit grossem Hertzen
Vernichten Furcht vnd Trost, zertretten Noth vnnd Schmerzen,
Stirbt ab der Sterbligkeit, ist seines Lebens voll,
Und hoffet auff den Tag an dem er wandern soll.

Vnd solches kömpt daher daß diese trübe Höle,
Diß Sünden Nest der Leib an seiner reinen Seele
Die minsten Kräfften hat, der Seele welcher Glut
Nach ihrem Himmel steigt, wie sonst ein Fewer thut
Das freye Lufft bekömpt; die nicht ihr Gut auß Sachen
Erzwingt so sterblich sind vnd gleichfalls sterblich machen,
Die alles Gut vnd Lust nur in sich selber sucht,
Da Frewden ohne Leyd, vnd Reichthumb ohne Flucht
Beständig wohnen kan; die ihren Heyland kennet,
Die herzlich Tag vnd Nacht für seiner Liebe brennet,
Mit ihm sich gantz vergnügt, vnd jetzt schon zu voran
Worauß sie kommen ist im Himmel wohnen kan.
Diß Gut ists was ihm hir ein frommer Sinn begehret,
Vnd was das Höchste Gut nach wündschen ihm gewehret,
Derselbte dem er Gut vnd Leben in die Lufft
Mit allem Willen strewt, vnd kompt so bald er rufft.[52]

Dieser quietistisch-mystische Schluß war wohl durch Opitz auf den Empfänger des Gedichtes Heinrich Wenzel berechnet. Wir haben uns bei diesem Gedicht länger aufgehalten, da es die religiöse Stellung des Fürsten näher bezeichnet, die es (neben der politischen Lage) erklärlich macht, wie Opitz in seiner Dichtung die scharfe antihöfische Gesellschaftskritik wagen durfte. Ähnliche religiöse Ansichten wie der Fürst von Oels vertraten unter anderem auch Hans Georg von Czigan und Lazarus von Henckel auf Donnersmarck· Sie fanden vollen dichterischen Ausdruck in den Werken Czepkos. Im engen Zusammenhang mit Opitzens *Vielguet* steht das schon erwähnte Werk *Coridon et Phyllis.* Im zweiten Teil finden wir Opitzens gesellschaftskritische Tendenzen wieder, und das umfangreiche dritte Buch ist ganz der Arbeit auf einem Meierhof gewidmet. Auch Czepkos Ideal ist ein ruhiges, gerechtes Landleben und die Arbeit auf der Scholle:

Seelig ist auf seiner Bahn,
Der im Dorffe leben kan,
Und darff seinen Pflug bestellen:
Dem der Schweiß der Arbeit Kind
Über sein Gesichte rinnt,
Und kein Urteil pflegt zu fällen . . .

Er wil, wenn ihm Volck gebricht,
Mit den Henckers Buben nicht
Recht und Freyheit unterdrücken:
Nich die Köpffe runter haun,
Die ihm in die Karte schaun,
Und Bericht nach Hofe schicken.[53]

Im selben Jahre veröffentlicht Opitz ein aus dem Französischen übersetztes Gedicht *Von der Welt Eitelkeit.*[54] Bedeutsamer ist sein erstes deutsches Schäferidyll mit dem Titel *Schäfferey von der Nimpfen Hercinie,*[55] durch das er dieser Dichtungsgattung in der deutschen Literatur des XVII. Jahrhunderts einen festen Platz gesichert hatte.

Schon im Jahre 1502 veröffentlichte Jacopo Sannazaro aus Neapel, indem er an Theokrit und Vergil anknüpfte, den ersten großen Schäferroman der Renaissance, der in der europäischen Literatur lauten Widerhall fand. Philipp Sidneys *Arcadia* erschien im Jahre 1590, und die deutsche Übersetzung aus dem Jahre 1629, die manchmal fälschlich Opitz zugeschrieben wird, fällt in eine Zeit, da in anderen europäischen Ländern die Schäferdichtung bereits längst ihren Höhepunkt erreicht und überschritten hatte.[56] Die Prosa der deutschen *Arcadia* ist noch recht unbeholfen, von den Gedichten ganz zu schweigen, in denen die Versreform noch nicht den geringsten Widerhall gefunden hat. Opitz huldigte bekanntlich in zahlreichen Hirtenliedern, schon seit seinen ersten dichterischen Versuchen, der Schäferpoesie. Pastorale Episoden finden wir in seiner *Zlatna, Vielguet* und *Daphne.* Auch das *Hohelied* ist eine Art geistliche Schäferdichtung. Erst in der *Schäfferey von der Nimpfen Hercinie* geht Opitz zur Prosa über. Gedichte und Lieder dienen nur zur Ausschmückung dieser idyllischen Erzählung.

Sie entstand gegen Ende des Jahres 1629, während seines Aufenthaltes in Glatz, und ist dem Grafen Ulrich von Schaffgotsch gewidmet. Der Inhalt läßt sich in einigen Sätzen wiedergeben: Der Dichter, der sich in Hirtentracht auf einer Wanderung durch das Riesengebirge befindet, trifft unterwegs seine Freunde Venator, Buchner und Nüßler, die ebenfalls als Schäfer verkleidet sind. Sie führen gelehrte und weitschweifige Gespräche über Liebe, Vernunft, Reisen. Hercinie, eine Nymphe, die den Freunden an einer Quelle begegnet, führt sie durch mehrere prächtige unterirdische Grotten und weiß die Taten des Schaffgotschschen Hauses zu preisen. Als die Freunde wieder ans Tageslicht treten, ist die Nymphe verschwunden. Eine Aufschrift erinnert die Hirten an Rübezahl; die sich daran schließende Unterhaltung der Freunde über Spuk, Tod und Teufel wird durch das Kommen einer Hexe unterbrochen. Ihre Zauberkünste jagen den Freunden einen mächtigen Schrecken ein, und sie flüchten. Endlich gelangen sie an einen Heilquell „Warmbrunn" des Grafen Schaffgotsch, und mit dessen Verherrlichung schließt die Idylle.

Alfred Hübner hat in einer Dissertation die literarischen Quellen, von denen Opitz in seiner *Schäfferey* Gebrauch gemacht hat, genau erörtert. Als Vorbild diente dem Dichter vor allem das Werk Sannazaros. Auch die Eklogik Vergils hat in der *Schäfferey* merkliche Spuren hinterlassen. Außerdem machte der Schlesier in diesem Schäferidyll von seiner erstaunlichen Belesenheit und seinen Kenntnissen antiker Autoren so oft wie möglich Gebrauch. Als Opitz das erste deutsche Schäferidyll schrieb, hatte er sich den besten unter den zahlreichen dickleibigen Schäferromanen zum Muster gewählt, und zwar die *Arcadia* Sannazaros. Trotzdem begnügte er sich mit einer kürzeren Form, und zwar der einer Erzählung. So bewahrte er seine *Schäfferey* vor dem ermüdenden Ballast zahlreicher Kriegs-, Ritter- und Abenteuergeschichten, die in den Werken seiner Vorgänger den meisten Platz einnahmen, und schuf ein einheitlich in sich abgeschlossenes Werk. Er verlegte die Handlung in das sagenumwobene Riesengebirge und verstand dabei recht gut realistische und phantastische Elemente in ein Ganzes zu verschmelzen.

In einem Brief vom 29. Oktober 1629 benachrichtigt Opitz den greisen Lingelsheim, daß er eine Reise nach Paris Ende Februar des kommenden Jahres unternehmen werde.[57] Über diesen Vorsatz wird auch in der *Schäfferey* zwischen Opitz und Venator diskutiert. Befragt über das Verhalten Dohnas, entgegnet der Dichter: „... Er mir nicht allein diesen Spatzierweg zu erlauben, sondern auch allen Vorschub zu thun auß gewöhnlicher Leutseligkeit und Liebe gegen mir verheissen hat.“[58]

Opitz wollte zunächst über Hamburg nach Holland und von dort erst nach Paris fahren, wählte jedoch später den kürzeren Weg über Dresden und Leipzig. Von dort sandte er am 6. März 1630 einen Brief an Buchner.[59] Er reiste weiter über Gotha und Hanau und war am 29. März in Frankfurt am Main.[60] Aus Straßburg, wo er sich einige Wochen lang aufhielt, fuhr er, mit Empfehlungsbriefen von Lingelsheim versehen, nach Paris. In der Hauptstadt Frankreichs angelangt, knüpfte der Dichter freundschaftliche Beziehungen zu Grotius und seinen Freunden an, worüber er am 2. Mai seinem Straßburger Freund berichtet.[61]

Oesterley und andere Forscher behaupten, daß der Pariser Aufenthalt des Dichters einen rein privaten Charakter hatte, worauf auch einige Stellen in der Korrespondenz des Dichters hindeuten.[62] Ganz anders jedoch beurteilt Coler, Opitzens Freund und Biograph, diese Reise: „Er sahe sich auf diesem politischen Schauplatze sehr genau um. Er wurde mit den größten Staatsmännern bekannt. Er erfuhr die wichtigsten Dinge, er lernte sie beurtheilen, und behielt alles in frischem Andenken, damit er seinem Vaterlande völlige Nachricht davon geben könnte. Gemeine Dinge waren ihm hier zu gemein, ob sie schon sonst nicht eben für gar zu gemein zu achten sind... Itzo wollte er eigentlich nur von den Geheimnissen des Staats Nachricht einziehen. Besonders ging sein Absehen dahin, wie es um das Gleichgewicht von Europa beschaffen sey, und welches Land dem andern überwichtig wäre, wenn es in Bewegung kommen sollte?[63] ... Doch behielt er jederzeit die Geheimnisse für sich. Allein seinem Burggraf Dohna und etlichen andern, welche sie wissen durften und mußten, entdeckte er sie treulich, unterrichtete sie auch von vielen andern merkwürdigen und nützlichen Dingen, welche den gegenwärtigen und künftigen Staat von Europa angingen."[64]

Diese Aussage Colers bestätigt ein Brief des Dichters an Dohna, den er während der Rückreise aus Straßburg schrieb und der genaue politische Nachrichten enthält.[65] Davon zeugt aber vor allem die Tätigkeit des Dichters, die er nach seiner Rückkehr aus Paris in Schlesien entwickelte. Da der Zweck der Pariser Reise bisher noch ungeklärt war, wollen wir uns etwas näher damit befassen.

Der unter dem Deckmantel der Religion geführte Dreißigjährige Krieg war in Wirklichkeit ein Kampf um die Neugestaltung des Kräfteverhältnisses und der Einflüsse in Mitteleuropa, es war ein Kampf um persönliche Vorteile der Herrscher, für welchen das deutsche Volk mit ungeheueren Verlusten und mit einem hundertjährigen wirtschaftlichen und sozialen Regreß bezahlen mußte. Der Katholizismus und Protestantismus, die sich gegenseitig bekämpften, nahmen damals erzreaktionäre Stellungen ein, die unter anderem dadurch gekennzeichnet waren, daß man alles, was die Dogmen ihres Glaubens verletzte, rücksichtslos bekämpfte und jede Äußerung des freien Gedankens unterdrückte.

Angesichts der großen Zerstörungen, die der langjährige Krieg mit sich brachte, wurde die heuchlerische Falschheit der religiösen Losungen bloßgestellt, und es entwickelte sich in bestimmten Kreisen hervorragender Gelehrter und Dichter, deren Werke einen großen Einfluß auf die Gesellschaft ausübten, eine starke Friedensbewegung. Die Anhänger dieser Bewegung wurden auch Ireniker genannt (eiréne = griech. Frieden). Sie wollten die sich bekämpfenden religiösen Lager versöhnen, indem sie allgemeine, für alle christlichen Konfessionen annehmbare Grundsätze aufstellten. Gleichzeitig aber verschwiegen sie eine Reihe von Glaubenssätzen, zum Beispiel mit Rücksicht auf die Arianer und ähnliche Sekten das Dogma von der Heiligen Dreifaltigkeit.

Das Ziel der Ireniker war die Wiederherstellung des Friedens und die Verbreitung der Toleranz als die Voraussetzungen für wirtschaftliche und geistige Weiterentwicklung der Menschheit. So spielte in dieser Zeit die Irenik, die das Schwergewicht von der religiösen Diskussion auf die weltliche, also politische und soziale Problematik verlegte, eine fortschrittliche Rolle. Die führende Gestalt dieser Bewegung war der niederländische Gelehrte Hugo Grotius, dessen ausgezeichnetes Buch *De iure belli ac pacis* die Grundsätze der Irenik formulierte und sie durch rationalistische und historische Argumente zu begründen suchte. Das gleiche Thema behandelt seine Abhandlung *De veritate religionis christianae (Von der Wahrheit der christlichen Religion)*, die er im Gefängnis schrieb, da er für seine Tätigkeit zu lebenslänglicher Haft verurteilt worden war.[66]

Diese Abhandlung hat man in verschiedene Sprachen übersetzt, sogar ins Chinesische und Malayische. Ein Freund des Grotius, der Franzose Johann Hotomannus de Villiers, bearbeitete einen Katalog der Werke jener Schriftsteller, die schon während der Reformation gegen den religiösen Streit aufgetreten waren. Dieses Werk wurde von dem Straßburger Professor M. Bernegger mit einem Vorwort versehen und unter dem Namen Theodor Ireneus herausgegeben.[67] Um sich vor eventuellen Verfolgungen zu sichern, wurde als Ort des Druckes Orleans angegeben.[68] Die Geschichte der Herausgabe dieses Werkes erfahren wir unter anderem aus einem Brief Berneggers an seinen in Verona lebenden Verwandten Johann Steinberger.[69]

In diesem sogenannten *Syllabus* nimmt unter den Werken katholischer Schriftsteller das Buch Frycz Modrzewskis *De emendanda Republica et Ecclesia libri quinque* eine führende Stellung ein. Als nächstes Werk Modrzweskis nennt der Autor das mit „ungewöhnlicher Freiheit" geschriebene Buch *De Ecclesia emendanda*, das der polnische Schriftsteller im Jahre 1559 veröffentlicht hatte.

Über die Verbreitung des *Syllabus* spricht eine reichhaltige Korrespondenz. Am 6. Juli 1628 schickt Bernegger einige Exemplare des *Syllabus* an seine Freunde nach Genf, worüber er im Brief an Jacob Gotthofred berichtet.[70] Dieses Büchlein erhalten mit Briefen von Bernegger Opitzens Freund B. W. Nüßler, der deutsche Philologe Gruter, der Dichter Robertus Robertinus und viele andere.[71] Als weitere Aktion der Ireniker beschließt Bernegger, Auszüge aus den im *Syllabus* genannten Werken unter dem Titel *Aphorismi irenici* herauszugeben.[72] Das meiste versprach man sich jedoch von der Herausgabe der *Bücher über die Kirche* von Frycz Modrzewski. Es handelt sich hier um die Bücher, die in der zweiten, Baseler Auflage (1559) *De Republica emendanda* den Titel *De Ecclesia libri duo* erhielten. Die Anerkennung, deren sich das Buch des Polen bei Johann Hotomannus, Christian Forstner und anderen erfreute, veranlaßte Bernegger, den Entschluß zu fassen, es wieder herauszugeben mit einer irenischen Vorrede und einem Aufruf an die Herrscher, dem religiösen Kampf ein Ende zu setzen.[73]

Die letzten Monate des Jahres 1629 und das Jahr 1630 waren reich an politischen Ereignissen, es waren Jahre, die im Zeichen diplomatischer Verhandlungen und Verträge standen. Polen schloß in Altmark Waffenstillstand mit Schweden, Frankreich versuchte eine Koalition gegen den Kaiser zu bilden, schloß einen Vertrag mit Holland und verhandelte mit Gustav Adolf. In Danzig versuchte Dohna im Auftrage des Kaisers eine Verständigung mit den Schweden herbeizuführen. Zur selben Zeit weilte Opitz, wie wir schon erwähnt haben, in Paris im Kreise hervorragender Politiker und Gelehrter, bei Grotius, Hotomannus und anderen. Anfang

Oktober des Jahres 1630 kehrte der Dichter auf Befehl Dohnas schleunigst nach Schlesien zurück, um ihm einen genauen Bericht über die politische Lage zu erstatten, da die Unterhandlungen des Burggrafen mit den Schweden erfolglos geblieben waren. Nachdem Opitz Dohna mit den in Paris wahrgenommenen Friedenstendenzen bekannt gemacht hatte, forderte dieser, daß man Grotius' Schrift *Von der Wahrheit der christlichen Religion* sobald wie möglich in deutscher Sprache in Breslau herausgebe.

Er glaubte, daß ihm diese irenische Tätigkeit die Wiederaufnahme der unterbrochenen Verhandlungen mit den Schweden ermöglichen werde. Grotius' Schrift hatte zwei Fassungen, die erste, holländische, war in Versen geschrieben, die zweite, in lateinischer Sprache, wurde in Prosa bearbeitet. Opitz begann sofort die Übersetzung der holländischen Fassung betitelt *Bewijs van den waren Godsdienst.*

Am 11. Februar 1631 übersandte er bereits das erste Buch dieser Übersetzung an den Verleger David Müller. Der Druck wurde von dem Freunde des Dichters, Coler, überwacht. Von Opitz angespornt, hinter dem der eigentliche Auftraggeber Dohna stand, nahm Coler die Übersetzung der lateinischen Fassung des Werkes von Grotius vor.[74] Für die Literarhistoriker war es unverständlich, warum Opitz seinen Freund zu dieser zweiten Übersetzung bewegt hatte, deren Erscheinen sich doch ungünstig auf den Absatz des Opitzschen Gedichtes auswirken mußte. Da man die politischen Absichten Dohnas nicht kannte und nicht wußte, welche Rolle er dem Werk von Grotius zugedacht hatte, glaubte man, daß Opitz allzu nachgiebig die Wünsche Dohnas befriedigt hätte.[75] Über den Verlauf der Übersetzungsarbeit an dem lateinischen Werk geben uns einige Dutzend Briefe Aufschluß. Opitz drängte Coler zur Eile, er bat, flehte und beschwor ihn, er möge sich doch mit der Beendigung des Druckes beeilen, da er sonst eine Gefährdung der Beziehungen zu Dohna befürchte.[78]

Am 12. Mai machte Opitz den Vorschlag, das letzte Buch des Werkes von Grotius selbst zu übersetzen, denn sein Gönner forderte es energisch und warf Opitz Nachlässigkeit vor. Ende Mai ist bereits die Korrektur vom ersten Buch gemacht, aber Opitz drängt immer mehr, und als schließlich Anfang Juli der Druck noch immer nicht fertig war, erklärte er Coler, daß das Interesse Dohnas an dem Werke von Grotius bereits erloschen sei. Trotzdem meinte er, daß ein rasches Erscheinen des Buches noch gern gesehen sein würde.[77] Diese Änderung im Verhalten Dohnas war unzweifelhaft die Folge der politischen Entwicklung in Deutschland. Der Schwedenkönig Gustav Adolf traf fieberhafte Vorbereitungen für das entscheidende Treffen mit der Armee Tillys. In dieser politischen Lage waren die Aussichten auf eine Verständigung mit den Schweden sehr gering, und Grotius' irenisches Werk verlor an aktueller Bedeutung.

Keine der beiden Übersetzungen wurde Dohna gewidmet. Der Burggraf gab seine Einwilligung nicht dazu, denn er befürchtete, dadurch den Argwohn der Katholiken zu erwecken. Opitz widmete also sein Gedicht den Ratsherren von Breslau. In dieser Widmung sind unter zahlreichen gelehrten Ausführungen sehr wesentliche und kühne Gedanken verborgen. Der Dichter weist darauf hin, daß die Religion zu politischen Zwekken ausgenutzt und mißbraucht werde: „Der Sitten und des Wandels in allen Ständen, sonderlich an vielen Höfen, zu geschweigen: da nicht allein das schlechte Gewissen in fortstellung der Anschläge, sondern auch die verübung der Zauberey und unchristlicher Künste, die sicherheit des Lebens, ja auch die Reden selbst offtmals zu erkennen geben, das der Name Christlich einig und allein gebrauches wegen, und das Wort Religion darumb behalten werde, weil unter dieser decke das jenige, was der Zustandt des gemeinen Wesens vermeinentlich erfordert, leichtlicher verdeckt und bemäntelt wird.“[78] Im weiteren Teil der Widmung besingt der Dichter die Stadt Breslau und tritt gegen diejenigen Historiker auf, die den Anfang der Städte von der Sintflut herzuleiten bemüht sind. „So stelle ich es auch dahin“, schreibt der Dichter, „ob Budorgis, derer Ptolemeus erwähnt, jemals allhier gestanden sey. Dieses wissen und sehen wir, daß sie von sechshundert Jahren her und drüber, seidt sie Micislaw erbawet, Uratislaw angerichtet, Carl der Vierdte in die weite darinnen sie an jetzo steht gesetzet hat. . .“[79]

Im Jahre 1631 erschien auch Opitz' Übersetzung des zweiten Teils der *Argenis* von Barclay,[80] und in Frankfurt gab Nüßler eine Sammlung lateinischer Gedichte von Opitz heraus mit dem Titel *Silvarum libri III.*[81] In der Universitätsbibliothek zu Wroclaw befand sich ein Manuskript von Opitz' frühen lateinischen Gedichten, die er zusammen mit dem *Strenarum libellus* und dem *Hipponax* zur Beurteilung nach Leipzig schickte. Auf der letzten Seite dieses Manuskripts stand folgender Vermerk: „Leipziger Zensur. Ich würde ohne weiteres erlauben, daß diese Gedichte herausgegeben werden; doch weil sichtbare Fehler begangen wurden, die ich mit dem Zensorstäbchen anstrich, würde ich mir wünschen, daß sie durch den Verfasser (dessen Dichtertalent und Begabung ich lobe), verbessert würden, so daß dadurch sein Ruhm und Ruf keinen Abbruch erleiden. Dekan und Professor.“[82]

Nach diesem Mißerfolg wollte der Dichter seine lateinischen Verse nicht mehr drucken lassen. Nüßler schreibt in der Einleitung, daß es Opitz nicht für wert erachtete, seine lateinischen Gedichte gesammelt herauszugeben.

Im nächsten Jahre erschien, außer zahlreichen Gelegenheitsgedichten, ein aus dem Französischen übersetztes Werk *Die süßen Todesgedanken.*[83] Die Widmung trägt die Überschrift *Der Dolmetscher an seinen Herrn.* Es ist dies die letzte Schrift, die Dohna gewidmet wurde.

Anfang September 1632 stehen die vereinigten schwedisch-sächsisch-brandenburgischen Armeen vor den Toren der Stadt Breslau. Diese hielt jedoch an ihrer Neutralität fest und ließ weder die kaiserlichen noch die protestantischen Truppen in die Stadt hinein. Dohna, der durchaus Breslau in den Kampf auf seiten der Katholiken hineinziehen wollte, gab am 9. September persönlich einen Kanonenschuß auf das Lager der sächsischen Armee ab. Diese Tat des Burggrafen brachte die Stadtbewohner in Aufruhr, und nur mit Mühe konnte man Dohna vor den wütenden Volksmassen retten.[84] Daraufhin verließ der Burggraf heimlich Breslau und flüchtete nach Böhmen,[85] und von dort begab er sich nach Polen, um Soldaten zum Kampf gegen die Protestanten zu werben.[86] Am 21. Februar 1633 starb Dohna in Prag. Als diese Nachricht nach Schlesien gelangte, wurde sie mit allgemeiner Genugtuung aufgenommen. Ein anonymer Dichter verfaßte sogar eine Schmähschrift auf den Tod des verhaßten Burggrafen.[87]

IM PROTESTANTISCHEN LAGER

Nach der Flucht Dohnas erlangten die Protestanten die Oberhand und verdrängten die Kaiserlichen aus fast ganz Schlesien. Überall wurde der protestantische Kultus wieder eingeführt. Die neue Lage konnte für Opitz äußerst unangenehm werden. Diente er doch seit einigen Jahren einem Menschen, der an der Spitze der brutalen gegenreformatorischen Bewegung in Schlesien stand und der die schlesische Bevölkerung durch rücksichtslose Steuern auspreßte. Die Übersetzung des Buches von Becanus, das Gedicht auf den Fall von Magdeburg und vermutlich auch andere „Sünden" von Opitz waren doch den Bewohnern Breslaus nicht ganz unbekannt. Zur gleichen Zeit wurden auch gegen Opitz schwere Anschuldigungen intimer Natur erhoben, so daß er sich in einer „Epistel" bei dem „Ministerio und Rath von Bresslaw" purgieren mußte, „nachdem in seinem Abwesen zwei Kinder auff seinen Namen waren getaufft worden".[1]

Trotz seiner „katholischen Ära" genoß der Dichter das volle Vertrauen der Protestanten. Das hatte wichtige Gründe. Die lebhafte Korrespondenz, die der Dichter führte, weist darauf hin, daß zu seinem Freundeskreis fast ausschließlich Lutheraner und Reformierte gehörten, auch seine Tätigkeit in der irenischen Bewegung, die doch aus dem protestantischen Lager hervorgegangen war, fand einen lauten Widerhall. Die Widmungen der Gedichte, die er während seiner Dienstzeit bei Dohna schrieb, deuten darauf hin, daß Opitz weiterhin bemüht war, mit den Piastenherzögen in Verbindung zu bleiben.

Im Jahre 1628 erschien die zweite Auflage seiner *Sonntagsepisteln* mit einer Widmung an Georg Rudolf[1] sowie ein Gedicht aus Anlaß der Reise des Liegnitzer Herzogs in die schlesischen Bäder.[2] Zwei Jahre später schrieb Opitz ein Gedicht anläßlich des Todes der Schwiegermutter von Georg Rudolf.[3] Im gleichen Jahre widmete er diesem Herzog die Übersetzung des 104. Psalmes.[4] Schließlich, nachdem Dohna Breslau verlassen hatte, verehrte er, „zum aussgange des 1632 Jhares" Georg Rudolf die zweite Ausgabe seiner Übersetzung des Werkes von Heinsius *Lobgesang Jesu Christi*,[5] und einen Monat später, am 1. Februar 1633, schrieb er die Dedikation des *Vesuvius* für Johann Christian von Brieg.[6] Als Lohn dafür bekam er 50 Dukaten und bedankte sich beim Fürsten mit dem Gedicht *Wer will denn über not der armen Musen klagen*.[7]

Entscheidend für die positive Einstellung der Protestanten Opitz gegenüber war die Tatsache, daß der Dichter zur Zeit Dohnas die Funktion eines Vermittlers zwischen den beiden sich feindlich gegenüberstehenden Lagern der Katholiken und Protestanten ausübte. Natürlich mußte diese Tätigkeit streng geheim gehalten werden, und darum finden wir keinerlei Dokumente darüber. Sie fand aber in der Haltung der Piastenherzöge zu Opitz nach dem Tode Dohnas ihre volle Bestätigung.

Kaum einen Monat später nahm Johann Christian den Dichter in seine Dienste, worüber er seinen Bruder Georg Rudolf in einem Brief vom 3. April 1633 benachrichtigte und die besonderen Fähigkeiten von Opitz, seine aufrichtige Treue und Ergebenheit unterstrich. Opitz sollte in Zukunft die Geschäfte des Herzogs in Breslau erledigen und, falls notwendig, in seinem Auftrage auch andere Fürstenhöfe besuchen. Der Lohn betrug 100 Taler jährlich und freie Wohnung in Breslau. Bei dieser Gelegenheit machte Johann Christian seinem Bruder den Vorschlag, Opitz gleichfalls zu denselben Bedingungen anzustellen.[8] Georg Rudolf fand diesen Vorschlag günstig. Schon am 12. April unterzeichneten die Piastenherzöge die Bestallung für Martin Opitz.

Indessen war die Zeit der Überlegenheit der protestantischen Waffen vorbei. Am 16. November 1632 fiel in der Schlacht bei Lützen der Schwedenkönig Gustav Adolf. Im Frühling des nächsten Jahres stand das gewaltige Heer Wallensteins den Armeen der Verbündeten in Schlesien gegenüber. Es kam jedoch nicht zum entscheidenden Treffen, denn Wallenstein führte lebhafte Verhandlungen wegen seines beabsichtigten Überganges auf die Seite der Protestanten, wofür er als Lohn die Krone Böhmens forderte.

Um sich vor der Rache des Kaisers zu schützen, schlossen unter dem Druck der protestantischen Heerführer die Herzöge Johann Christian von Brieg, Georg Rudolf von Liegnitz und Karl Friedrich von Oels sowie die Stadt Breslau im August 1633 eine Konjunktion ab, die sie in den Schutz Brandenburgs, Sachsens und Schwedens stellte.[9]

Inzwischen weilte Opitz im Auftrage der Herzöge im Lager der protestantischen Armee, um jene über die Pläne und Vorhaben der verbündeten Heerführer zu unterrichten.[10] Eines der sächsischen Regimenter wurde damals von dem dänischen Prinzen Ulrich von Holstein, dem Sohne Christians IV. von Dänemark, angeführt. Auf seine nahen Beziehungen zu Opitz weist unter anderem ein Brief Buchners vom Februar 1633 hin,[11] und Nüßler berichtet, daß so oft Ulrich in Breslau weilte, er immer Opitz zu Tische gebeten hätte.[12] Aus dieser Zeit stammt das Lobgedicht des Dichters zu Ehren Ulrichs.[13] Im gleichen Jahre erschienen die schon besprochenen *Trostgetichte In Widerwertigkeit Dess Krieges,*[14] die Opitz vor dreizehn Jahren in Dänemark geschrieben hatte. Auch dieses Werk wurde dem dänischen Königssohn gewidmet.

Im August des Jahres 1633 kündigte Opitz seine Ankunft im sächsischen Lager bei Schweidnitz an. Als die Reise sich verzögerte, erinnerte ihn Ulrich in einem höflichen Brief an sein Versprechen. Diesen Brief, der einen der zahlreichen Beweise der Popularität bildet, deren sich der Dichter damals erfreute, lassen wir nachstehend in deutscher Übersetzung folgen: „Ich habe alle hier im Lager von Deiner Ankunft benachrichtigt, gelehrtester Opitz. Sehr viele waren dadurch erfreut, und sehr viele warteten auf Dich. Deinen Bekannten bereitete es große Freude, und denen, die Dich nicht kannten, erstand die große Hoffnung, den Mann zu erblicken, dessen Ruhm ihre Ohren erfüllte. Als jedoch sehr viele meinten, daß sie solcher Hoffnung beraubt würden, kamen sie zu mir, um anzufragen, welches die Ursache einer so langen Verzögerung sei. Deshalb habe ich diese wenigen Worte geschrieben, um Dir Dein Versprechen ins Gedächtnis zu rufen. Zugleich nahm ich die Feder in die Hand, um meine Liebe zu Dir zu bezeugen, und bitte, daß Du nicht erlaubst, daß wir zu lange Deiner Anwesenheit beraubt sind. Sei so gefällig, bei erster Gelegenheit zu uns zu kommen. Lebe wohl und bemühe Dich, daß es verwirklicht werde. Dein ergebenster Ulrich."[15]

Ulrich hat den Brief am 21. August unterzeichnet. Tags darauf wurde er beim Verlassen von Wallensteins Lager, wo er an den Verhandlungen über die Verlängerung des Waffenstillstandes teilnahm, durch einen Söldner Piccolominis meuchlings erschossen. Opitz hat, wie Nüßler berichtet, auf Wunsch des sterbenden Prinzen eine lateinische Lobrede auf ihn geschrieben, die er seinem Vater, dem dänischen König, widmete.[16]

Kurz darauf begab sich Opitz mit einer Delegation der schlesischen Herzöge und der Stadt Breslau zum Kurfürsten von Brandenburg und zu Oxenstierna wegen der Ratifikation des im August abgeschlossenen Vertrages. Nüßler benachrichtigte Buchner von der Reise des Dichters und brachte die Hoffnung zum Ausdruck, Opitz werde unterwegs bei ihm einkehren.[17] Einige Tage später berichtete Buchner, Opitz sei nicht durch Wittenberg gereist.[18]

Ende September traf die schlesische Delegation in Frankfurt am Main ein, wo damals der schwedische Kanzler Oxenstierna weilte.[19] Während des zweimonatigen Aufenthaltes der Schlesier in dieser Stadt näherte sich Opitz Oxenstierna. Von Frankfurt aus besuchte er in Heidelberg den alten Lingelsheim, der noch immer politisch tätig war.[20]

Inzwischen ging Wallenstein zum Angriff über, schlug die Schweden bei Steinau und säuberte in kurzer Zeit Schlesien von protestantischen Soldaten. Die Piastenherzöge suchten ihr Heil in der Flucht nach Polen und hielten sich in Thorn auf. Am 27. November 1633 sandte Opitz aus Frankfurt a. M. an die Fürsten von Brieg und Liegnitz einen Bericht über die politische Lage.[21] Auf seiner Rückreise machte der Dichter einen Abstecher nach Anhalt, um Fürst Ludwig, dem Haupt der Fruchtbringenden Gesellschaft, einen Besuch abzustatten. Diesmal wurde Opitz sehr gnädig aufgenommen, und man versuchte den unliebsamen Eindruck, den die frühere feindliche Haltung der Mitglieder dieser Gesellschaft auf den Dichter gemacht hatte, zu verwischen.

Am 14. Dezember schrieb Opitz aus Halle, im Januar war er in Berlin-Kölln, und von dort begab er sich nach Stettin. Der weitere Weg führte ihn über Seddin nach Polen.[22] Im Februar traf er in Thorn ein, wo er den Piastenherzögen über die Verhandlungen der schlesischen Delegation mit Oxenstierna und dem Kurfürsten von Brandenburg genau berichtete.[23] Von Thorn reiste Opitz sofort nach Breslau, von wo aus er Herzog Johann Christian über die Verhandlungen des sächsischen Kurfürsten mit dem Kaiser und über Wallensteins mißlungenen Versuch, Georg Wilhelm von Brandenburg zu veranlassen, den Separatfrieden abzubrechen, berichtete. Er erwähnte auch die 15 000 Mann starke schwedische Armee unter der Führung General Baners, die laut dem Versprechen Oxenstiernas den Schlesiern zu Hilfe kommen sollte.[24]

Die zweideutige und schwankende Haltung der Sachsen und des Kurfürsten von Brandenburg zwang die führenden Persönlichkeiten der schlesischen Protestanten, einen Annäherungsversuch an die Schweden zu unternehmen, und hat dadurch die Möglichkeit einer Verständigung mit dem Kaiser zunichte gemacht. Auch Martin Opitz nahm eine proschwedische Haltung ein, war sich aber durchaus klar, daß man sich selbst auf die Schweden nicht unbedingt verlassen konnte, und machte den schlesischen Herzögen den Vorschlag, eine eigene Armee aufzustellen und vor allem Kosaken aus Polen anzuwerben, die dank ihrer sarmatischen Beweglichkeit es leichter zuwege brächten, die Horden der kaiserlichen Kroaten im Zaume zu halten.[25]

Trotz der vielen Reisen hat Opitz sein poetisches Schaffen nicht völlig vernachlässigt. Von Zeit zu Zeit erschienen im Druck einzelne Gedichte und sogar einige größere Dichtungen.[26] Von Breslau nach Thorn zurückgekehrt, widmete der Dichter am 26. März 1634 Heinrich von Reichenbach die Übersetzung von Pibracs *Tetrastichen*.[27] Im gleichen Jahre übergab er zehn deutsche Psalmen zum Druck,[28] und in Frankfurt und Wittenberg erschienen neue Auflagen seiner Poetik.[29]

Im Augenblick, als der Marsch der schwedischen Armee nach Schlesien sicherstand, schickten die schlesischen Herzöge und der Stadtrat von Breslau Opitz in das Lager von General Baner mit dem Auftrag, die Verbindung zwischen dem schwedischen Heerführer und den Schlesiern aufrechtzuerhalten, notwendige Informationen zu erteilen und sich zu bemühen, nach Möglichkeit die Bevölkerung vor den Ausschreitungen der Söldner zu schützen.[30] Am 9. Mai schreibt Baner aus der kleinen Ortschaft Lebus in Brandenburg: „... Gedencke ich fürter auff Glogaw, undt so den geraden wegk auff Bresslaw, dafern der feindt, durch unverhoffenden alzustarken Widerstandt ess nicht verhindern möchte, zu gehen, weil die sembtliche fürsten in der Schlesien, wie auch in der Stadt Bresslaw selbsten mihr unlengst ihren agenten, Martinum Opitium, gesandt und mich durch denselben versichern lassen, das sich von dieser partey keineswegs abbringen zu lassen numehr gäntzlichen resolvieret seyen ...“[31] In demselben Brief bringt Baner seine Verwunderung über das Verhalten Arnims zum Ausdruck, der mit der sächsischen Armee gegen Glogau marschierte, damit aber seinen schwedischen Verbündeten zuvorkam und ihre Pläne durchkreuzte.

Am 13. Mai errang Arnim bei Lindenbusch einen glänzenden Sieg über die kaiserliche Armee und marschierte gegen Breslau. Im Auftrage Baners begab sich Opitz sofort in die Stadt, um die Absichten, die Arnim den Schweden gegenüber hegte, zu erkunden.[32] In den ersten Tagen des Monats Juni war Opitz wieder im Kriegslager der Schweden bei Frankfurt am Main, von wo aus er Fürst Georg Rudolf von Baners Sieg über die Kaiserlichen ausführlich berichtete. Der Dichter hatte die Ehre, von den zwanzig erbeuteten Fahnen die Hälfte persönlich dem Kurfürsten von Brandenburg zu überreichen.[33] Danach begab sich Opitz nach Breslau, wo er zusammen mit dem schwedischen Oberst von Fels den Stadtrat davor warnte, mit Arnim in einseitige Verträge einzugehen, und dringlich riet, die Ankunft der schwedisch-brandenburgischen Armee abzuwarten.[34]

Breslau, das bisher trotz der Konjunktion mit den protestantischen Verbündeten eine schwankende politische Haltung einnahm, brach unter dem Einflusse des glänzenden Sieges der Sachsen bei Lindenbusch endgültig mit dem Kaiser. Schon im April 1634, als die Schlesier in Schweden ihren mächtigsten Verbündeten sahen, schickten sie nach Frankfurt a. M., wohin Oxenstierna eine Zusammenkunft der evangelischen Reichslande berief, eine Abordnung, um um Aufnahme in den großen Bund nachzusuchen. Die Verhandlungen zogen sich in die Länge, und unterdessen hatten sich die Schlesier auf das Drängen des siegreichen Arnim vom Kaiser losgelöst und den Herzog Johann Christian zu ihrem Haupt gewählt. Die Ermahnung Ferdinands II., Schlesien solle ihm die gebührende Treue halten, blieb unbeachtet.

In kurzer Zeit erwies sich jedoch, wie unglücklich die schlesische Politik war. Schon im Juni 1634 unternahmen die Sachsen geheime, separatistische Friedensverhandlungen mit dem Kaiser und riefen gleichzeitig die Schlesier zu verstärktem Widerstand gegen die Habsburger auf. Als schließlich Mitte Oktober die Nachricht über diese Verhandlungen und über die Ablehnung des Kaisers, der Bitte der Schlesier stattzugeben und den Dresdner Akkord zu erneuern, in Breslau eintraf, wirkte sie wie ein Blitz aus heiterem Himmel.

Um diese Zeit weilte Opitz bei Baner, der ihm seine besondere Gunst angedeihen ließ. Als Herzog Johann Christian den Dichter abberufen wollte, um sich die Kosten zu sparen, wußte Baner dem vorzubeugen, indem er die Verdienste des Dichters pries. Opitz begab sich mit der schwedischen Armee nach Böhmen, von wo aus er am 5. Juli über die Einnahme Zittaus durch Arnim berichtete.[35] Die Armee Baners war bis zu den Toren Prags vorgedrungen, doch dann mußte sie zurückweichen und schlug ihr Lager bei Leitmeritz auf.

Im Auftrage Baners fuhr Opitz nach Dresden, an den Hof des Kurfürsten von Sachsen, um den Verlauf der Friedensverhandlungen der Sachsen mit dem Kaiser zu beobachten.[36] Im Oktober berichtete Opitz an Baner, daß die Verhandlungen schon weit fortgeschritten seien.[37] Die Situation, wie sie infolge des Verrats der Sachsen entstand, war für die Schweden katastrophal. Noch im August erlitten sie bei Nördlingen eine schwere Niederlage, und jetzt verließ sie ihr stärkster Verbündeter, Sachsen. Auch Opitz fand sich in einer sehr schwierigen Lage. Zutiefst von den Verhandlungen beunruhigt, kehrte er nach Breslau zurück, um hier den weiteren Verlauf der Ereignisse abzuwarten. Der Dichter nützte seine erzwungene Ruhepause und nahm seine literarischen Arbeiten wieder auf. Die Widmung der *Judith*, eines Dramas nach biblischen Motiven, trägt das Datum des 13. Februar 1635.[38] Anton Mayer bewies, daß der Dichtung von Opitz das von dem Hofdichter des Florentinischen Fürsten Andrea Salvadori geschriebene Libretto für die Oper *Guiditta* zugrunde lag. Diese Oper wurde am 22. September 1626 in Florenz zu Ehren des Kardinals Barberino, eines Neffen und Gesandten Urbans VIII., aufgeführt.[39]

Die Arbeit an der *Judith* begann Opitz noch während seiner Beziehungen zu Schütz. Ursprünglich handelte es sich vermutlich um ein deutsches Libretto zu einer italienischen Oper, doch aus nicht näher bekannten Gründen hat man damals das Werk des Schlesiers nicht aufgeführt. Erst einige Jahre später wurde es vom Dichter veröffentlicht und als Beispiel einer, zwar noch unvollkommenen, deutschen Tragödie hingestellt. Diese Dichtungsgattung war damals, laut den Worten des Dichters, völlig vernachläßigt: „... Heutiges Tages ist diese herrliche Kunst (der Tragödie), eben wie andere, auß Nachläßigkeit und Unverstande der Leut, so gar verloschen, daß in Lateinischer Sprach wenig tüchtiges, in der Teutschen aber, die sich doch sonsten etwas wittern will, durchauß nichts dergleichen an den Tag gebracht worden. Meine *Judith* hier, welche ich doch auch vor etzlichen Jahren an Erfindung und Worten einen großen Theil auß dem Italienischen entlehnet, kan sich deß Tituls eines vollkommenen Schauspiels nicht rühmen ...“[40]

Der Inhalt der Dichtung war in der Zeit des Dreißigjährigen Krieges höchst aktuell, und die von dem Dichter geschilderten Szenen aus dem

Lagerleben der assyrischen Heere erinnern uns an das Treiben der Landsknechte. Opitz, dem das Zeitgemäße der Dichtung bewußt war, deutet es in der Widmung an und verkündet dann sein politisches Credo: „... es solte auch unser betrübtes Vaterland von Gott bald erhöret, in seine gehörige Rechte und Freyheit gesetzet, und Leibes- und Gewissens-Zwang unangetastet, und in solchem Standt seyn, wie alle treue Patrioten wündschen und hoffen."[41] Opitz folgt im allgemeinen ziemlich treu der Form seiner Vorlage. Nur im zweiten Akt vermehrt er die Zahl der Szenen auf sechs. Er ändert die Namen der Helden und nimmt Verbesserungen vor, sei es aus Rücksicht auf den biblischen Text oder auf die deutsche Tradition. Das Gedicht hat abwechselnd einen stichischen oder strophischen Charakter, mit gleich- und verschiedenzeiligen Versen. Die Jamben werden in den Höhepunkten der Handlung durch Trochäen ersetzt, und die Verse sind verschieden, angefangen von den beliebten Alexandrinern bis zu dem Viersilber. Die Chöre haben Liedcharakter.

Opitzens deutsche Bearbeitung ist gelungener als die italienische Vorlage, sie ist besser durchdacht und durchkomponiert. Die Dichtung des Schlesiers fand zahlreiche Nachahmer, doch es gelang niemandem, etwas Gleichwertiges zu schaffen. Im Jahre 1646 schrieb Appeles von Löwenstern die Musik zu Opitzens *Judith*, die Tscherning erweitert hat. Der Komponist verbarg sich hinter dem prunkvollen Namen Mattheo Leonastro de Longueville Neapolitano.[42] Die *Judith* wurde damals in Thorn gespielt, und im Jahre 1651 haben sie in Breslau die Schüler des Magdalenen-Gymnasiums aufgeführt.[43]

Trotz der künstlerischen Unvollkommenheit bedeuten die *Trojanerinnen, Daphne* und *Judith* einen wichtigen Schritt auf dem Wege zum neuen Kunstdrama in deutscher Sprache. Opitzens Bemühungen um diese Gattung wurden noch einige Jahre später durch die Antigoneübersetzung bereichert.

Außer mehreren Gelegenheitsgedichten gab der Dichter im Jahre 1635 einige Psalmen in deutscher Sprache heraus und widmete sie dem reichen Breslauer Bürger Jakob Treptau.[44] Inzwischen erreichte in Schlesien die Spannung, die durch die sächsisch-kaiserlichen Verhandlungen hervorgerufen worden war, ihren Höhepunkt. In einem Brief vom 3. Juli 1635 schreibt Opitz an Buchner, daß das Warten auf Frieden oder Krieg ihn noch vorsichtiger und mißtrauischer mache. Wenn es nämlich zum Abschluß eines separaten Friedensvertrages käme, den die Sachsen mit großem Eifer anstrebten, würden alle guten Menschen Schlesien verlassen müssen, um nicht zusammen mit dem Vaterlande zugrunde zu gehen.[45] Als der Dichter diesen Brief schrieb, wußte er noch nicht, daß das, was er so sehr befürchtete, bereits geschehen war. Der Friedensvertrag wurde unterzeichnet. Die vom Kaiser den Schlesiern diktierten Bedingungen waren sehr schwer, und man erwartete, da man der treubrüchigen Politik der Habsburger nicht traute, noch härtere Maßnahmen. Die Breslauer dachten sogar daran, Widerstand zu leisten, und sahen ihre Rettung in den mächtigen Mauern und Befestigungen der Stadt. Gleichzeitig bemühte man sich um die Fürsprache des den Schlesiern gut gesinnten polnischen Königs Wladislaw IV.

In seinem letzten uns bekannten Briefe aus Breslau, vom 5. August 1635, schreibt Opitz an Henelius, daß man entweder die Belagerung durchhalten oder an Flucht denken müsse, oder aber an ein noch schlimmeres Schicksal, das zu nennen er den Mut nicht habe.[46] Es ist dies der letzte Beweis vom Aufenthalt des Dichters in Breslau. Kurz darauf verließ Opitz die Stadt und suchte Schutz, wie viele andere schlesische Protestanten, in Polen. Im gleichen Monat wurde der schlesische Konvent aufgelöst, und am 14. September baten die Herzöge und schlesischen Städte den Kaiser offiziell um Verzeihung. Johann Christian, der damals in Thorn weilte, entschuldigte seine Abwesenheit mit Krankheit und der weiten Entfernung. An seiner Stelle schwor sein ältester Sohn Georg dem Kaiser die Treue.

OPITZ IN POLEN

Aus Schlesien begab sich Opitz nach Thorn, um sich beim Herzog von Brieg Johann Christian zu melden. Hier in dem sicheren Orte wollte er die Klärung der Lage abwarten. Zwar hatte der Kaiser den Schlesiern ihren Übergang zu den Protestanten verziehen, doch das betraf nicht die, die aktiv am Kampf gegen Habsburg teilgenommen hatten. Dieser Vorbehalt hieß Opitz, bevor er einen eventuellen Entschluß, in die Heimat zurückzukehren, fassen sollte, Rat einzuholen. Kurz nach seiner Ankunft in Thorn wandte sich der Dichter an Henelius mit der Bitte, ihn in der Angelegenheit zu beraten. Der Brief blieb leider nicht erhalten, doch wir erfahren davon aus der Antwort des Henelius vom 25. Oktober 1635, deren Abschrift sich in der Universitätsbibliothek zu Wrołcaw befindet.[1] Henelius berichtet, daß der Kaiser zwar den schlesischen Herzögen und ihren Räten verziehen habe, doch dürfe man den Versprechungen der Habsburger nicht trauen. Übrigens sage ein griechisches Sprichwort, daß das Vaterland dort sei, wo es gut ist, und dem mit Weib und Kindern nicht belasteten Opitz dürfte es nicht schwerfallen, auch anderswo günstige Bedingungen für seine poetische Tätigkeit zu finden. Dann aber, wenn die Zeiten sich beruhigen würden und der Herzog von Brieg wieder nach Schlesien zurückkehre, werde auch Opitz sich an sein Gefolge anschließen können, ohne seine Person einer Gefahr auszusetzen. Henelius erwähnte dabei, daß auch er sich nach einem sicheren Ort für sich und seine Familie umschaue.

Der Brief von Henelius sowie andere Nachrichten, die aus Schlesien eintrafen, bewogen den Dichter, vorläufig seinen Plan zur Rückkehr in die Heimat aufzugeben und seinen Aufenthalt in Polen auf unbestimmte Zeit zu verlängern.

In Thorn, wo er schon im Jahre 1634 zweimal weilte,[2] erfreute er sich der besonderen Gunst des späteren Ökonomen von Marienburg und Wojewoden von Pommern Gerhard Dönhoff. Diese Bekanntschaft wurde vermutlich von Opitz schon vor Jahren gemacht, als er noch im Dienste Dohnas stand.[3] Dönhoff, der kurz darauf die Tochter des Herzogs Johann Christian heiratete, kannte die bisherige diplomatische Tätigkeit Opitzens und seine engen Beziehungen zu den Schweden. Er versäumte also nicht, bei der ersten Gelegenheit das Interesse des polnischen Königs für die Person des berühmten Dichters und geschickten Diplomaten wachzurufen. Dies geschah wahrscheinlich im Januar 1636, als Wladislaw IV. auf seiner Reise nach Danzig sich einige Tage in Thorn aufhielt.[4]

Der König interessierte sich lebhaft für Literatur, Theater und Musik, er unterhielt die erste ständige Oper in Polen, gab beträchtliche Summen für Sänger und Schauspieler aus, und, erzogen im Geiste der Ruhmesliebe, hatte er eine besondere Neigung für geschichtliche Arbeiten.[5] Andererseits trug sich der polnische König mit ehrgeizigen politischen Plänen; auch verzichtete er noch nicht auf die schwedische Krone und suchte eifrig nach Vermittlern, die helfen sollten, ihm den Weg nach Schweden zu bahnen.

Die imposanten politischen und militärischen Erfolge, die Wladislaw schon in den ersten Jahren seiner Herrschaft errang, fanden einen lauten Widerhall in Europa, und seine zu dieser Zeit geübte religiöse Toleranz erwarb ihm die Sympathie der polnischen Dissidenten. Um die Aufmerksamkeit des polnischen Königs auf sich zu lenken, beschloß Opitz, ihm zu Ehren ein Lobgedicht zu schreiben. Es war diesmal eine dankbare Aufgabe, denn die besungene Person mußte nicht erst mit Eigenschaften ausgestattet werden, die sie in Wirklichkeit nicht besaß, und ihre Verdienste mußten nicht mühsam erdacht werden.

Die Verhältnise, die damals in Polen herrschten – vor allem in den reichen protestantischen Städten wie Danzig und Thorn –, und der junge erfolgreiche König mußten einem Deutschen, der kaum der Hölle des blutigen Bürgerkrieges, seiner Bestialität und Verlogenheit entronnen war, besonders vorbildlich und nachahmungswürdig erscheinen. Andererseits stimmten seine schweren Erlebnisse und die hoffnungslose Lage der schlesischen Protestanten den Dichter pessimistisch. Diese Änderung der Gemütsart fand unter anderem ihre Widerspiegelung in den Strophen, die er anläßlich der vierten Heirat seines Vaters im Jahre 1635 schrieb.

Gleichwol muß ich bekennen,
Ich war nicht der ich bin;
Mein Geist wil nimmer brennen,
Noch steigen wie vorhin:
Diß thut für allen Sachen
Der Haß der Dienstbarkeit,
Was Freund und Feinde machen,
Die Last der bösen Zeit.
Bey Sorgen und Gedancken
Da wohnt Apollo nicht;
Mund, Sinn und Hertze wancken,
Und alle Lust gebricht . . .[6]

Das Lobgedicht zu Ehren des polnischen Königs zeichnet eine für diese Gattung seltene Aufrichtigkeit und Tiefe aus. Es kommen in ihm keine konventionellen, mythologischen Motive vor, von denen es in den anderen Lobgedichten Opitzens wimmelt. Der Dichter gibt seiner Freude Ausdruck, daß der König statt Krieg Frieden wählte, den höchsten Wert, nach dem sich der Dichter und seine Landsleute ebenfalls sehnen:

> ... Daß er, O Vladislaw, für Krieg die Ruh erkiest,
> Und Langmuth für Gedult: die falschen Hertzen klagen,
> Die guten freuen sich, daß du nicht außgeschlagen
> Der Waffen Stillestand, und daß dein Sinn, O Heldt,
> Den Frieden höher schätzt, als etwas in der Welt,
> Das mit der Welt vergeht, die so vorhin durch Kriegen
> Nach Einigkeit geschwebt, und längst begraben liegen,
> Sind selbst vermuthlich froh, daß ietzund durch Verstandt
> Und Glimpff erworben wird, was ihre strenge Hand
> Zuschaffen nie vermocht ...[7]

Nach dieser Einleitung besingt der Dichter, wie es Brauch war, die Vorfahren des Königs. Seinen Vater Sigismund, der in den protestantischen Kreisen unbeliebt war, erwähnt er nur, um dann Wladislaw selbst zu preisen, seine Kenntnis der Kriegskunst, das Führertalent und seinen persönlichen Mut. Opitz berichtet von siegreichen Kämpfen des Königs gegen Moskau und die Türken. Doch in Friedenszeiten ist der mutige Wladislaw ein sanftmütiger Mensch, und seine Schlichtheit und Unmittelbarkeit im Umgang mit den Untertanen bewirken, daß die Menschen treu zu ihm stehen und für seine Sicherheit Sorge tragen. Dagegen reichen Waffen oft nicht hin, einen Tyrannen zu schützen.

> ... Gewehr und Waffen, Herr, die sind für ein Gemach,
> Da ein Tyranne sitzt nur offtermahls zu schwach.
> Der kan nicht sicher seyn für dem nichts sicher bleibet,
> Der Blut zur Losung hat, Blut redet und Blut schreibet,
> Und säufft es in den Halß: er förchtet die er krenckt,
> Traut auch dem Degen nicht, der ihm zur Seiten henckt,
> Und haßt und wird gehaßt. Gunst wil nicht seyn getrieben.
> Ein Herr der Liebe sucht, der muß zum ersten lieben;
> Ohn diß ist jenes nie. Der gründet nur auff Sand,
> Der nicht auff Liebe baut, die als ein festes Band
> Auch die Natur verknüpfft ...[8]

Im weiteren Teil der Lobschrift bringt Opitz die Dankbarkeitsgefühle zum Ausdruck, die Tausende schlesischer Flüchtlinge Polen und dem jungen König gegenüber für die Zuflucht, die er ihnen gewährte, und die Möglichkeit, ein neues, besseres Leben zu beginnen, empfanden. In warmen Worten erklärt er, daß die verfolgten Ausländer hier Sicherheit, Frieden und ein zweites Vaterland fanden.

... Du bist ein großer Trost, ein Schirm und Zuversicht
Für einen jeglichen der dich umb Schutz bespricht
Und sonst bedranget ist. Die Frembde zu dir kommen,
Gehn Frembde nicht hinweg: sie werden auffgenommen
Gesetzt in Sicherheit, in Ruh und solchen Stand,
Daß sie bedünckt dein Reich, das sey ihr Vaterland ...[9]

Opitz unterstreicht die religiöse Toleranz Polens, wo jeder den Glauben bekennen kann, den ihn sein Gewissen wählen läßt. Im Gegensatz dazu verurteilt der Dichter aufs schärfste die religiöse Unterdrückung, die er mit solchen Verbrechen wie Mord und Tyrannei vergleicht.

Er lobt den Gerechtigkeitssinn Wladislaws IV., seinen Verstand und andere Tugenden. Indem er die Enthaltsamkeit des Königs erwähnt, stellt er diesem einen Herrscher entgegen, der sein Land und seine Untertanen vernachlässigt und seine Vernunft im Wein ersäuft.

... Was kan ein solcher Herr für kluge Sinnen haben,
Dem allzeit die Vernunfft im Becher liegt begraben
Und auff dem Glase schwimmt? wer nichts für Leut' und Land
Als Wein vergossen hat, der macht sich zwar bekant,
Doch nicht durch Tapfferkeit, muß bösen Menschen trauen,
Die ihn und sich und mich offt zu verkauffen schauen,
Ist seiner Diener Knecht, und trincket durch den Wein
(Wie theuer Wasser doch!) viel tausend Thränen ein ...[10]

Der Ruhm Wladislaws schützt das Land vor Feinden, und selbst die Türken und Tataren haben ihre Überfälle unterlassen, und darum herrscht in Polen Frieden. Der Dichter sieht das Glück und den Frieden der Menschen in Stadt und Land und bringt den heißen Wunsch zum Ausdruck, daß auch sein deutsches Vaterland so glücklich leben möge.

Das Gedicht zu Ehren Wladislaws IV. zeugt von den ideologischen Ansichten des Dichters und seiner gegen den Krieg gerichteten irenischen Haltung. Der Dichter beginnt und endet sein Gedicht mit einem Lob des Friedens. Er stellt dem vorbildlichen Herrscher Wladislaw und den in Polen herrschenden Verhältnissen die Verhältnisse in Deutschland gegenüber, das unter der Tyrannei der Habsburger und dem furchtbaren Bürgerkrieg verblutete. Diese Umstände zwangen den Dichter, ins Exil zu gehen und in Polen Zuflucht zu suchen. Das Lobgedicht zu Ehren des polnischen Königs fällt in die Zeit, da der junge Herrscher bewunderungswürdige politische und militärische Erfolge errang und auf dem Höhepunkt seines Ruhmes stand.

Die Aufrichtigkeit des Ausdrucks, die Gedankentiefe, die gut durchdachte Komposition, der prachtvolle rethorische Stil des Gedichts trugen dazu bei, daß dieses Werk allgemeine Anerkennung fand und von den

Zeitgenossen als Höchstleistung im Bereich des Lobgedichts angesehen wurde. Im Vorwort zu der Gedichtsammlung von Hofmannswaldau und anderer deutscher Dichter von Benjamin Neukirch heißt es über das Gedicht von Opitz: „... Sein Lobgedichte auf den König von Pohlen ist unverbesserlich, und begreift nebst denen nachdrücklichen beywcrten, heroischen gleichnissen und kurzgesetzten redensarten viel schöne gedanken...“[11] Ähnlich lautet die Einschätzung des Gedichts durch Maria Krause: „... am eindringlichsten hat er (Opitz) seiner Konzeption des vorbildlichen Fürsten im Gedicht für den König von Polen Ausdruck verliehen...“[12]

Der Schlesier hatte sein Gedicht mit einer umfangreichen lateinischen Widmung wahrscheinlich im Januar 1636 dem Könige überreicht. Im gleichen Jahre erschien es im Druck und zwar gleichzeitig bei drei Verlegern: Bei Franz Schnellboltz in Thorn, Andreas Hünefeld in Danzig und Wiegand Funck in Lissa.[13] Die zu dieser Zeit von Opitz aus Polen an Buchner geschriebenen Briefe, die Berichte über die Zusammenkunft mit dem polnischen König enthielten, erreichten nicht den Empfänger, da sie vom Feinde aufgefangen wurden. Darum auch benachrichtigt Nüßler, Opitzens Freund und Rat des Herzogs Johann Christian, der im Sommer 1636 aus Thorn nach Schlesien zurückgekehrt war, Buchner in einem umfangreichen Brief über das Schicksal des Dichters.[14] Er berichtet, daß das Lobgedicht von Opitz dem König und den Würdenträgern des Hofes sehr gefallen habe. Der König befahl, der Dichter möge ihm nach Danzig folgen, wo er ihn in einer vertraulichen Audienz empfing, deren geheime Besprechungen bis zwei Uhr dauerten.[15] Er beschenkte auch Opitz mit einer wahrlich königlichen Belohnung von tausend Talern und versuchte Opitz dazu zu bewegen, das Amt eines königlichen Historiographen zu übernehmen.

Es ist klar, daß es keiner geheimen Unterredung bedarf, um Probleme der Dichtung zu besprechen. Man verhandelte wohl hauptsächlich über Fragen, die im engen Zusammenhang mit den persönlichen politischen Plänen des Königs standen und bei deren Durchführung der König sich gerne eines Ausländers bediente. Der erfahrene Diplomat entsprach außerordentlich seinen Anforderungen. In Danzig lebte auch der Agent Wladislaws IV., der reformierte Geistliche der Peterskirche, Bartholomäus Nigrinus, ein ehemaliger Militärprediger des Grafen Dönhoff. Er stammte aus Brieg und kannte Opitz seit längerer Zeit. Laut Coler soll er dem schlesischen Dichter verholfen haben, die Gunst Dönhoffs zu gewinnen.[16] Eben mit diesem Nigrinus hat Opitz auf Befehl des Königs in Zukunft zusammengearbeitet. Doch nicht nur seine diplomatischen Fähigkeiten sollten ausgenutzt werden. Der König, der der Wissenschaft und besonders der Geschichtsschreibung großes Interesse schenkte, beschloß, Opitz zu seinem Hofhistoriographen zu machen.

Nach diesen Verhandlungen kehrte Opitz vorläufig nach Thorn zurück, wo er seine literarische Tätigkeit wiederaufnahm. Am 15. März 1636 widmete er dem Grafen Dönhoff die Übersetzung der *Antigone* von Sophokles.[17] Der Dichter erinnert darin an Dönhoffs heldenhafte Verteidigung Thorns im Jahre 1629 gegen die überlegenen Kräfte der Schweden.

Die Übersetzung der *Antigone* bedeutete einen weiteren Schritt auf dem Wege zum deutschen Kunstdrama.[18] Opitz wies damit den deutschen Dichtern eine Tragödie von großem künstlerischem Wert. Seine Übersetzung ist treu, trotzdem änderte der Dichter Stil und Stimmung des Originals völlig, indem er diese dem Geist seiner Zeit anpaßte. Der Konflikt zwischen der moralischen Pflicht und dem Gesetz wurde bei Opitz zu dem Schluß, daß Schuld bestraft werden müsse, umgedeutet. Über die Beziehungen des Dichters zu Dönhoff erfahren wir Näheres aus der Widmung zur Neuausgabe des *Hohenliedes*.[19] „... Ihre Gnaden der Herr Graff Dönhoff aber, was hat er bißher nicht gethan mir beförderlich zuseyn und auffzuhelffen? Daß die Königliche Majestät zu Polen und Schweden mir gnädigst wol will daß ich diser Orte Fug und Ruhe des meinigen abzuwarten gefunden, daß ich die Mißligkeit der eusserlichen Fälle, und was uns Menschen sonst in den Weg zu kommen pflegt, getrost, ja fröhlich erdulden und ertragen kan, solches habe ich, nechst Gott, dem Herrn Graffen zuvorauß und mehrentheils zu danken ...“[20]

Anfang April 1636 schrieb Opitz ein Gedicht anläßlich der Abreise Elias Arciszewskis, eines Angehörigen des bekannten polnischen Arianergeschlechts, nach Holstein. Arciszewski begab sich dorthin, um die Tochter Christian Ahlenfels' von Sorö zu heiraten.[21]

In der zweiten Märzhälfte des Jahres 1636 gelangte nach Thorn die für den Dichter schmerzliche Nachricht vom Ableben seines lieben Freundes, des Breslauer Verlegers David Müller. Das Andenken dieses Freundes ehrte der Dichter in einem gefühlvollen Gedicht, das, frei von konventionellem, mythologischem Ballast und ausgesuchten Redewendungen, zu den aufrichtigsten und unmittelbarsten Versen des Dichters gehört.

Vnd bist du auch verblichen,
Mein mehr dann halbes Ich?
Bist du mir auch entwichen
Auff den mein Hertze sich
In allem so verlassen,
Daß ich ohn Furcht und Scheu
Das Wetter herrschen lassen
In ansehn deiner Treu?...
Wo sind Herr Müllers Schreiben?
Fieng ich als Gestern an.

Wo solten sie verbleiben?
Mir ward nur kund gethan
In allen welche kamen,
Der sey nun nicht mehr dar,
Der mir ein Freund mit Namen,
Mit That ein Bruder war . . .
Mir ist zu Ohren kommen,
Wie sehr er meiner sich
Bißher hat angenommen,
Vielmehr als eben ich:
Daraus ich auch gespüret
Des Hertzens Redlichkeit:
Gold wird durch Glut probiret,
Die Freundschaft durch die Zeit . . .[22]

Außer dem Gedicht zum Andenken seines geliebten Freundes schrieb Opitz in den nächsten Monaten drei lateinische Grabreden.

Im Jahre 1636 beschloß Wladislaw IV., den Leichnam seiner Tante, der schwedischen Königstochter und Schwester Sigismunds III., Anna Wasa, die am 6. Februar 1625 in Brodnica gestorben war, feierlich zu bestatten.[23] Der Königstochter, einer eifrigen Protestantin, die deshalb am Hofe des katholischen Bruders nicht gern gesehen wurde, konnte erst elf Jahre nach ihrem Tode, und zwar zur Zeit der Herrschaft des toleranten Wladislaw IV. die gebührende Ehre bezeigt werden. Am 16. Juli 1636 wurde ihr Leichnam in Gegenwart einiger Staatswürdenträger in der damaligen großen evangelischen Kirche in Thorn (der heutigen Marienkirche) beigesetzt.[24] Mit den Vorbereitungen zu dieser Feier betraute der König den Protektor der polnischen Dissidenten, den Wojewoden Christoph Radziwill, der durch Dönhoffs Vermittlung Martin Opitz den Auftrag erteilte, eine Lobrede zu Ehren der Anna Wasa zu schreiben.[25]

Zu ihrer Lebenszeit half die Königstochter eifrig zahlreichen polnischen Protestanten und schwedischen Flüchtlingen und bot ihnen Schutz. Als Opitz während der Bestattungsfeierlichkeiten in Thorn die sorgfältig vorbereitete Lobrede zu ihrer Ehre hielt, brachte er die warmen Dankbarkeitsgefühle der polnischen Dissidenten ihrer Fürsprecherin gegenüber zum Ausdruck. Er vergaß auch nicht, an ihr wissenschaftliches Interesse zu erinnern. Anna Wasa beschäftigte sich nämlich lebhaft mit Naturwissenschaft, besonders mit Botanik und Kräuterkunde. Unter ihrem Protektorat erschienen das prachtvolle Kräuterbuch von Simeon Syrenius und der Kräuterkatalog von Gabriel Joannicki.[26] Die in vorzüglichem Latein geschriebene Rede des Dichters erschien im Druck bei Schnellboltz in Thorn.[27]

Im selben Jahr schrieb der Dichter eine Trauerrede anläßlich des Todes eines anderen Gönners der Protestanten in Polen, Fabian Cema, des Kastellans von Chelm und Kreishauptmanns von Stumm.[28] Die Schrift widmete Opitz Sigismund Güldenstern, einem in Polen ansässigen Schweden, der die Tochter Cemas heiratete. Auch diese Hochzeit besang Opitz, indem er zu der Feier ein zehnstrophiges deutsches Gedicht verfaßte.[29]

Am 31. März 1636 starb einer der letzten protestantischen Senatoren des damaligen Polen, Raphael Leszczyński, der neben Fürst Christoph Radziwill der eifrigste Beschützer der polnischen Dissidenten war.[30] Besonders viel hatten ihm die zahlreichen Schlesier zu verdanken, die, von den Habsburgern verfolgt, ihre Heimat verlassen mußten und in Polen Zuflucht suchten. In den Städten Lissa (Leszno) und Fraustadt (Wschowa) fanden Tausende schlesischer Flüchtlinge Schutz, ein Teil wurde in der Umgebung ansässig, ein anderer Teil zog weiter nach Thorn und Danzig, den großen protestantischen Zentren. Diesen Weg gingen auch zahlreiche schlesische Dichter.

Die feierliche Bestattung Leszczyńskis fand am 1. Oktober in Wlodawa statt. Die polnische Rede zu Ehren des Verstorbenen hielt der bekannte Historiker des Protestantismus Andreas Wegierski, der vor Jahren zusammen mit Opitz in Beuthen an der Oder studiert hatte.[31] In Lissa veröffentlichte der berühmte Gelehrte und Pädagoge Amos Comenius eine deutsche Predigt, und in Thorn erschien im Druck die lateinische Rede von Opitz, die er wahrscheinlich auf Bestellung des Lissaer Statthalters Johann Schlichting geschrieben hatte.

Der Dichter zählt in dieser Rede, angefangen von dem legendären Wieniawa, der angeblich zusammen mit Dabrówka zur Zeit Mieszkos nach Polen kam, alle bedeutenden Familienmitglieder der Leszczyńskis auf. Unter ihnen erwähnt er auch den berühmten Geschichtsschreiber Jan Dlugosz. In seinen Angaben stützt er sich auf die ihm von Schlichting zur Verfügung gestellten Familienurkunden der Leszczyńskis.[32] Den größten Teil der Rede widmet der Dichter einer ausführlichen Beschreibung des Lebenslaufs des Verstorbenen, wobei er vorsichtig seine religiöse Stellung mit einigen allgemeinen Sätzen kennzeichnet. In warmen Worten schildert er die Liebe und Güte, mit der Leszczyński die zahlreichen, bei ihm Schutz suchenden Flüchtlinge umgab, und rühmt seine Dichtungen, denen es weder an Schärfe des Geistes noch an Leichtigkeit der Verse fehle.[33]

Opitz gibt der Hoffnung Ausdruck, daß die kartographischen Arbeiten Leszczyńskis, der sich mit der Herstellung von Landkarten Rußlands, Wolyniens und Podoliens befaßt hat, von Gloskowski, Brozek und anderen Gelehrten fortgesetzt werden. Der Dichter versäumt auch nicht, einige Sätze des Lobes auf Johann Schlichting in seine Lobschrift einzuflechten.

Er denkt ebenfalls an das ihm versprochene Amt des königlichen Historiographen und wendet sich in den letzten Sätzen seiner Schrift an den „siegreichsten und besten König“, um ein politisches Bekenntnis abzulegen. Opitz wünscht in diesen Sätzen Polen einen dauerhaften Frieden, Eintracht, Einigkeit, Gerechtigkeit und Freiheit des Gewissens.

Das Manuskript der Rede ist bereits in der zweiten Augusthälfte 1636, kurz vor der Abreise des Dichters aus Thorn, fertig.[34] In einem Brief vom 7. Mai an Buchner berichtet Opitz, daß es noch unbekannt sei, wie sich sein weiteres Leben gestalten werde. Vorläufig halte er sich beim Herzog von Brieg in Thorn auf. „Es besteht auch eine gewisse Hoffnung“, schreibt weiter der Dichter, „in Wladislaus, des besten Königs ausgezeichneter Freigebigkeit mir gegenüber, und ich höre schon, daß etwas in Litauen geschieht.[35] Aber ich weiß nicht weshalb auf Grund der Gewohnheit der letzten Jahre mich der Überdruß der Muße in diesem Grade ergreifft, daß ich fast daran denke mich dort zu begeben, von wo ich auf Befehl der Stände (Schlesiens), deren Herrschaft mit der Freiheit des Vaterlandes auf Grund der Abkommen von Pirna gestürtzt worden war, geflüchtet bin.“[36]

In einem an Nüßler gerichteten Brief vom 21. Juni 1636 erwähnt Opitz seine Absicht, nach Danzig überzusiedeln und das Amt eines königlichen Hofhistoriographen zu übernehmen.[37] Am 22. August benachrichtigt Opitz Christian Cunrad, den er vor Jahren zum Dichter gekrönt hatte, daß einer der Piastenherzöge, und zwar Georg Rudolf, gegenwärtig in Parchwitz weile und der andere Herzog sich im Laufe eines Monats nach Osterode begeben werde.[38] Er selbst aber sei der Ansicht, daß es für ihn bis zu dem Augenblick, da er nach Schlesien werde zurückkehren können, in Danzig am besten sein wird, wohin er sich in vier Tagen, der Gunst und Freigebigkeit des besten Königs vertrauend, begeben wolle. Als Grund für die Wahl dieser Stadt gibt der Biograph des Dichters, Coler, folgendes an: „... Dahin ging er, theils damit er wider einmal recht ruhig studieren und über seinem *Dacia antiqua* arbeiten, theils damit er von draus alles erfahren könnte, was in und auser Deutschland, zu Wasser und Lande, nahe und ferne, sich ereignete.“[39] In Danzig nahm der Dichter, wahrscheinlich auf Befehl des Königs, bei dem schon erwähnten reformierten Prediger Nigrinus Wohnung, mit dem er dann eng zusammenarbeitete. Die Nachrichten darüber sind zwar sehr spärlich, nichtsdestoweniger werfen sie Licht auf die Pflichten, die Opitz im Dienste des polnischen Königs als sein „Secretarius iuratus“ zu erfüllen hatte.

In dieser Hafenstadt, die Handelsbeziehungen zu zahlreichen Staaten unterhielt, sollte Opitz den königlichen Hof über die neuesten europäischen Ereignisse informieren. Darauf weist sowohl die oben zitierte Aussage Colers hin wie auch die Korrespondenz des Dichters, in welcher er seine Freunde bittet, ihn über die politische Lage zu unterrichten. In einem Schreiben über die Krankheit und den Tod Opitz' berichtet sein Freund, der Verleger Andreas Hünefeld, dem königlichen Sekretär Robertus Robertinus, daß er noch drei Tage vor dem Tode Briefe an König Wladislaw schrieb.[40]

Der Dichter selbst unterhielt eine lebhafte Korrespondenz mit bedeutenden Männern in Deutschland, Frankreich, Holland, Schweden, England, und seine langjährige diplomatische Erfahrung sowie sein Scharfblick halfen ihm, die jeweilige politische Lage richtig einzuschätzen.

Opitz vermittelte auch während des Seezollstreites in den Verhandlungen des Königs mit Danzig. Davon zeugt ein von Professor Czapliński unter den Geheimakten dieser Stadt aufgefundenes Dokument. Es bestätigt auch die enge Zusammenarbeit des Dichters mit Nigrinus und Gerhard Dönhoff.[41] Zu Opitz' Aufgaben gehörte vermutlich auch die Abfertigung eines Teiles der Auslandskorrespondenz des Königs.[42] Darauf beziehen sich wohl auch Colers Worte: „... daß seiner (Opitz) Treue, Geschicklichkeit und Klugheit allerhand Staatssachen anvertraut wurden, welche bey den Königen in Frankreich, England und Dänemark auszurichten waren."[43]

Eine wichtige Rolle hatte Opitz in den Plänen Wladislaws Schweden gegenüber zu spielen. Der polnische König hatte nämlich noch auf die schwedische Krone nicht verzichtet. Wahrscheinlich hegte Wladislaw den Plan, Opitz nach Stockholm zu schicken. Der Dichter erwähnt es vorsichtig in einem Brief an Oxenstierna: „... Ich habe schutzes wegen, und damit ich mittel habe dieser orten mein studieren fort zustellen, mich bei hiesiger Kön. Majestät in Dienst vorn hause aus en qualité de Secretaire eingelassen, und stund am nechsten zue Warsaw darauf, daß ich wol hette nach Schweden gesollt: man hatt es aber billig noch in consideration gezogen, wiewol ich gewüntscht hatte, E. Exc. persönlich auf zue warten. Ich hoffe dennoch an derselbten noch einen Patron und gnädigen Herren zue haben, wie ich dann in der alten ...iederzeit verbleiben werden."[44] Der Dichter wollte wahrscheinlich in Erfahrung bringen, wie sich der schwedische Kanzler zu dem Plan seiner Reise nach Schweden und den eventuellen Verhandlungen mit dem polnischen König verhalten werde.

In einem anderen an Oxenstierna gerichteten Brief vom Juli 1639 berichtet Opitz, daß in Preußen 5000 Soldaten für kaiserliche Gelder geworben werden sollen. Er schlägt vor, der Kanzler möge inoffiziell durch seine Vermittlung dagegen Stellung nehmen, und er werde den König davon in Kenntnis setzen.[45] „... Wo E. Exc. nicht vermeinen, daß man regiis literis solches an die Kön. Majestät in Pohlen solle gelangen lassen, so gebe ich es deroselbten zue ihrem hochvernünftigen bedenken, ob sie an meine wenige person ein par worte wollen abgehen lassen, sie hetten von diesem vorhaben vernommen, und wolten sich zue Ihrer Majestet in Pohlen und dero Cron vertrösten, sie würden dergleichen so den pactis induciarum sehr praejudicirlich nicht gestatten etc. Alsdann wolte ich es an gehörigem hohen orte schon zue hinterbringen wissen."[46] Opitz nahm, nachdem er in den Dienst des polnischen Königs trat, weiterhin als politischer Flüchtling eine entschieden antihabsburgische Stellung ein und erhielt seine Verbindung mit den Piastenfürsten und den Schweden aufrecht. An Oxenstierna und Baner sandte er zahlreiche politische Berichte, sowohl über die gesamteuropäische politische Lage als auch über die Verhältnisse in Polen. Er erinnerte die Schweden öfter daran, daß Schlesien von den Habsburgern unterdrückt werde, und bat um Beistand für seine bedrängte Heimat. Er unterrichtete den schwedischen Kanzler über die Bewegungen der Armee Baners, mit dem er jede Woche Briefe gewechselt hat. Natürlich tat er das nicht uneigennützig. Am 22. Januar 1638 berichtete Baner Oxenstierna, daß er dem Dichter für fleißige Aufrechterhaltung der Korrespondenz 200 Taler ausgezahlt habe, und machte den Vorschlag, ihn in schwedische Dienste aufzunehmen.[47]

Der vorsichtige Oxenstierna billigte diesen Vorschlag nicht, hielt jedoch weiter mit Opitz den Briefverkehr aufrecht. Der Dichter erinnerte ihn deshalb an eine ihm zustehende Belohnung und bemerkte dabei, daß er von dem Historiographengehalt, das von den Danziger Zöllen gezahlt werden solle, gegenwärtig infolge des Streites zwischen der Stadt und dem polnischen König kaum etwas erhalten könne. Der weitere Teil des Briefes kennzeichnet die Stellung Opitzens zu Schweden: „H. Baner hatt mir so oft geschrieben, er wolle gegen der hochlöblichen Regierung meiner commendatione optima erwehnen, weil er selber sehe, daß es besser sei, me in hac conditione vivere, quam servitio coronae Suecicae obstrictum esse, wegen ursachen, die an sich selbst klar sind; . . ."[48] Wie daraus hervorgeht, hat Opitz bis an sein Lebensende keinen offiziellen Posten bei den Schweden bekleidet. Trotzdem hat er für sie gearbeitet. Dies zeugt jedoch nicht von einem etwaigen Mißbrauch des Vertrauens des polnischen Königs. Alles scheint eher darauf hinzuweisen, daß Wladislaw über seine schwedischen Verbindungen gut informiert war; man kann sogar annehmen, daß die Korrespondenz der Schweden eine der Nachrichtenquellen seiner politischen Berichte war, die Opitz nach Warschau sandte.

Mit den Schweden verband den Dichter vor allem sein Haß gegen die Habsburger, der aus seiner Korrespondenz herauszulesen ist. Dieser Haß wurde noch gesteigert, als auch sein Vater Schlesien verlassen mußte. Zum zweitenmal in seinem Leben fand dieser damals in Polen, in der Umgebung von Lissa, eine Zuflucht.[49]

Nachkommen, die dort ansässig wurden, erhielten einige Jahrzehnte später den polnischen Adel.

Fast zehn Monate lebte der Dichter in Danzig, als er in einem Briefe vom 24. Juni 1637 Buchner berichten konnte, daß ihm der polnische König das Amt eines Hofhistoriographen verliehen habe, mit einem jährlichen Gehalt, das von den Danziger Zöllen gezahlt werde, so daß er endlich frei von materiellen Sorgen sich der Wissenschaft widmen könne.[50]

Das königliche Diplom mit dem Siegel des Großkanzlers erhielt der Dichter auf dem Warschauer Reichstag, der im Juni 1637 beriet.[51] Er ist von dieser Ernennung beglückt und stellt voller Zufriedenheit fest, daß ihn kein neuer Sturm auf das gefährliche Meer tragen werde und daß er von nun an beabsichtige, mutig seinen Hafen zu behaupten. Im gleichen Briefe kündigt Opitz eine Gratulationsschrift auf die Vermählung Wladislaws IV. mit der österreichischen Prinzessin Cäcilie Renate an. Diese Lobschrift, der ein kurzes Gedicht vorangestellt ist, wurde, wie alle anderen Lobreden des Dichters, in eleganter lateinischer Prosa nach dem konventionellen Schema geschrieben.[52]

Opitz erwähnt kurz die ausgezeichnete Herkunft des Königs, um nachher sein Leben zu schildern und die Verdienste aufzuzählen. In der Zeit, da der Dichter diese Rede schrieb, haben sich die polnischen Verhältnisse ganz anders gestaltet als vor eineinhalb Jahren, da er Wladislaw sein berühmtes deutsches Lobgedicht überreichte. Die katholischen Kreise zwangen den König, seine bisherige Politik zu ändern und eine Habsburgerin als Gattin heimzuführen. Opitz zog die prokatholische Stimmung, die damals am königlichen Hofe herrschte, in Betracht, und darum fehlt es in dieser Gratulationsschrift an jener Aufrichtigkeit und jenen kühnen Worten, die in dem früheren deutschen Gedicht zu finden sind. Am Schluß der Lobschrift erwähnt Opitz auch die Prinzessin Cäcilie Renate, die in den Kreisen der polnischen Dissidenten unbeliebt war, weil die Ehe des Königs zur Erstarkung der katholischen Kräfte in Polen bedeutend beitrug. Außer der lateinischen Schrift erschien auch die deutsche Übersetzung, die der Freund von Opitz, Christoph Coler, besorgte.[53] Diese Lobrede ist das letzte Werk Opitzens, das dem König gewidmet war.

Wie es scheint, ist der Dichter seit dieser Zeit von den Pflichten des Hofhistoriographen befreit worden und übernahm das Amt eines königlichen Sekretärs. So bezeichnet er nämlich seine Stellung in dem schon erwähnten Briefe an Oxenstierna. Ein Schreiben unterzeichnet er „Mart. Opitius á Boberfeldt, Secretarius Regius et Celsissimus Principibus Lignicensibus á Consiliis, ac Officiis Aulae ex tempore scripsi".[54] Einen anderen Brief unterschreibt er „Secretarius Regius, Consiliarus Ligio-Bregensis";[55] und ein Gedicht aus dem Jahre 1639 auf den Tod seines Freundes, des berühmten Mathematikers Peter Crüger, versieht er mit folgender Anmerkung: „Zu Ehren seinem gewesenen lieben Freunde schrieb diess in grosser eil Martin Opitz von Boberfeldt Königlicher Majest. Secretar auch Fürstlicher Lignitzischer und Briegischer Rath.“[56]

Im Januar 1637, also noch vor der Niederschrift der Gratulationsrede auf die Vermählung des Königs, widmet Opitz dem Kanzler Thomas Zamojski eine lateinische Schrift *Variarum lectionum liber in quo praecipue Sarmatica,*[57] in der er sich mit den Sarmaten, den vermeintlichen Vorfahren der Polen, beschäftigt. In der Widmung unterstreicht der Dichter die politischen und kulturellen Verdienste Thomas Zamojskis und seines Vaters Johannes, des Gründers der Akademie in Zamość. Er erwähnt auch den ausgezeichneten polnischen Dichter Szymon Szymonowic und macht eine Verbeugung gegen Wladislaw IV., „den siegreichsten und besten König“.

Der Dichter bringt in dieser Schrift eine große Zahl verschiedener Aussagen über den Sarmatismus und die Sarmaten, über ihr Leben und ihre Kämpfe. Auch macht er zum Teil von den Materialien Gebrauch, die er zu seinem Werk *Dacia antiqua* gesammelt hatte. Er zitiert Schriftsteller der Antike, unter anderen Herodot, Ovidius, Plinius, Ptolomäus, Strabon, Tacitus und von den neueren Zamoscius, Siglerus, Gruter, Cluverius. Auch die Grabschriften römischer Legionäre, die er selber in Siebenbürgen abschrieb, bringt er zum Abdruck. Das letzte, zwanzigste Kapitel der Schrift widmet er dem Andenken Johannes Zamojskis. Er fügt Epigramme von Muretus und Hugo Grotius bei und ein eigenes auf eine Goldmedaille mit dem Bild des berühmten Kanzlers, die Zamojski nur wenigen bedeutenden Gelehrten und Dichtern geschenkt hatte. Diese Auszeichnung wurde auch Opitz aus der Hand Thomas' zuteil.[58]

Um die Liste der Werke zu erschöpfen, die Opitz den Mitgliedern berühmter polnischer Geschlechter widmete, sei noch das kurze Propemptikon erwähnt, das er anläßlich der Reise Boguslaw Radziwills nach Holland schrieb.[59]

Seit einigen Jahren arbeitete Opitz an der Übersetzung der Psalmen Davids. In den Jahren 1634 und 1635 gab er mehrere dieser Psalmen heraus, im Sommer 1637 benachrichtigte er Buchner, daß die deutsche Übersetzung des ganzen Psalters sich bereits im Druck befinde.[60] An dem Werk arbeitete der Dichter mit großer Pietät. Er befaßte sich sogar mit philologischen Studien verschiedener Texte. Mit Hilfe eines Gelehrten, der die Werke der jüdischen Lehrer gut kannte, bemühte sich Opitz die hebräischen Quellen zu berücksichtigen. Sein Ziel war, wie er schreibt, die treue Wiedergabe des Originals, nicht aber die Anpassung des Inhalts an diese oder jene Religion.

Die Vorrede, in welcher Opitz diese Probleme erörtert, atmet den Geist der Irenik. Ein Anhänger dieser Ideen war u. a. Nigrinus, der auch mit

Comenius befreundet war und der einige Jahre später eine gewisse Rolle bei der Vorbereitung des sogenannten Thorner Colloquiums spielte. Opitz nennt verschiedene Dichter, die die Psalmen Davids übersetzten, und erwähnt auch zwei Polen: Kochanowski und Rybiński. Es ist nicht ausgeschlossen, daß ihre Psalmen einen Widerhall in den Werken des Schlesiers fanden. Trotz sehr mühsamer Forschungen über verschiedene Psalter gelang es nur gewisse Abweichungen vom Text der Vulgata nachzuweisen, die einigen Psalmen Opitzens und Kochanowskis gemeinsam sind.

Lobwassers deutsche Übersetzung der Psalmen (beendet im Jahre 1565, gedruckt im Jahre 1573 in Danzig) und der Versuch von Melissus (1572) entsprachen nicht den Anforderungen der neuen Poetik. Nun ging Opitz daran, ein metrisch glattes Psalterium zu schaffen. Die Art der von ihm benutzten Strophen und Metren ist vielfältig. Vereinzelt auftretende Daktylen werden von Fürst Ludwig von Anhalt kritisiert.[61] Dagegen behauptet Opitz: „... wiewol er, doch ohn maßgeben, vermeinet, es können die in Latein genannten Dactili, wann sie nicht Zue hart lauffen, bißweilen wol standt haben; aber hergegen sich bedüncken leßt, daß die wörter augapffel, rhordrummel vndt dergleichen, welcher sich etzliche hochansehnliche herren Gesellschafter Zue gebrauchen pflegen, so reine vndt helle Dactili sindt, daß sie genauen ohren baldt Zue mercken sindt."[62] Die Antwort des Fürsten von Anhalt–Köthen beweist den Mangel an Verständnis für Opitzens Reform der Metrik: „... Das die wollgemeinte erinnerungen also auch auffgenommen worden, erfreuet sich der Nehrende, und bedüncket ihme darneben es seyen die beyde angezogene wörter Augappfel und Rohrdummel oder Rohrdrommel nicht von denen in Latein genannten Dactylis: Aus folgender ursache die Zu erwegen: das wie Aug' und Rohr für sich selbst lang sind, also Apffel und Drummel die ersten silben auch lang nach dem Thone, und was einmal lang in der aussprache ist, kan nicht wieder kurtz werden, es müste den gezwungen sein, welches unserer sprachen art und natürlichen ausrede Zuwider leuffet."

Die Psalmen Davids in der deutschen Übersetzung von Opitz erschienen Ende 1637 bei Andreas Hünefeld in Danzig zusammen mit den damals in Deutschland sehr beliebten französischen Melodien des Hugenottenpsalters von Beza und Marot.[63] Die Widmung trägt das Datum des 16. November 1637 und ist an die beiden Piastenherzöge gerichtet, mit denen Opitz noch immer enge Bande verknüpften. Bis zum Jahre 1685 erschien der Psalter noch sechsmal.[64] Trotzdem konnten er und auch andere Übersetzungen den Psalter von Lobwasser, der bei den Protestanten über zwei Jahrhunderte lang im Gebrauch war, nicht verdrängen.

Im Jahre 1638 erschienen außer der verbesserten Auflage des Psalters zum zweiten Male die *Episteln der Sonntage und fürnembsten Feste*[65] sowie die Übersetzung von Sidneys Arcadia „vffs new vbersehen vnd gebessert, die Gedichte aber vnd Reymen gantz anders gemacht vnd vbersetzt von dem Edlen vnd Vesten M.O.V.B.“. Die Arbeit, bisher von der Forschung wenig beachtet, wurde wahrscheinlich noch während des zweimonatigen Aufenthaltes des Dichters mit einer Gesandtschaft der Piastenherzöge in Frankfurt a. M. 1633 zwischen ihm und dem Verleger und Kupferstecher Merian beschlossen. Die Besserungen am Prosatext sind unwesentlich und gehen wohl nur zum Teil auf Opitz zurück. Wichtig ist – schon dem Umfang nach – seine Umarbeitung beziehungsweise Neufassung der über 3000 Verse des Romans.[66]

In Wittenberg wurde seine Poetik mit dem Titel *Prosodia Germanica, Oder Bvch von der Deutschen Poeterey* zum vierten mal verlegt.[67] Außerdem erschienen in Breslau die *Geistlichen Poemata* des Dichters, der erste Teil der *Weltlichen Poemata* wurde aber erst 1639 fertig, der zweite nicht mehr zu Lebzeiten von Opitz.[68]

Sein ganzes Leben hindurch schenkte Opitz den Übersetzungen viel Aufmerksamkeit und Mühe, denn sie sollten beweisen, daß die deutsche Sprache sich für Dichtung vorzüglich eigne. Er bemühte sich, dem deutschen Volk eine Reihe fremder Meisterwerke durch Übertragungen zugänglich zu machen. Mit besonderer Pietät behandelte er die Schriftsteller der Antike und hatte auf diesem Gebiet schon bedeutsame Errungenschaften zu verzeichnen, als er den Plan faßte, eine Auswahl von Epigrammen aus der berühmten griechischen Anthologie in deutscher Übersetzung, zusammen mit Texten römischer und neulateinischer Dichter, herauszugeben.

Am 16. November 1638 berichtet er aus Danzig dem Fürsten Ludwig von Anhalt, daß seine Sammlung sich schon im Druck befinde. „... Anietzo ist ein buch Griechischer vndt Lateinischer Epigrammatum allhier vnter der preße, welche ich auß den besten alten vndt newen Scribenten Zusammen gelesen, vndt, die glückseligkeit vnserer sprache durch gegen halten desto beßer Zue erweisen, deutsch gegeben habe.“[69]

Die Übersetzungen, die in zwei kleinen Büchern erschienen, übersandte der Dichter im Juli 1639 zusammen mit seinem letzten uns bekannten Brief dem Fürsten Ludwig.[70] Den ersten Teil der Epigramme widmete er dem Bürgermeister von Thorn, Johann Preuß.[71] Als Ziel der Übersetzung führt der Dichter an: „Ad ostendendam potissimum insignem nostri sermonis ac inimitabilem paene felicitatem“,[72] den zweiten Teil widmete er Israel Hoppe, dem Bürgermeister von Elbing, den er durch Vermittlung von Preuß, wahrscheinlich während seiner Reise nach Königsberg, kennengelernt hatte.

Opitz übersetzte 192 Epigramme, darunter 45 griechische. Zum Druck übergab er den lateinischen und deutschen Text und in wenigen Fällen auch den griechischen. Seine Übersetzungen sind, im Gegensatz zu seinen jugendlichen Umarbeitungen, durch Treue in der Wiedergabe des Originals gekennzeichnet. Der Dichter hatte sich die deutsche Sprache in einem solchen Maße angeeignet, daß er weder inhaltliche Auslassungen noch Hinzufügungen machen mußte, wobei er immer die Zahl der Verse des Originals beibehielt. Obwohl oft die Stimmung der einzelnen Epigramme verloren geht, gibt er gute dichterische Proben. So ist zum Beispiel das Epigramm *Der Geizhals und die Maus* besser als andere deutsche Übersetzungen und übertrifft sogar das lateinische Original.

Lucillios:

Murem Asclepiades cum conspexisset avarus,
Quid facis ab nostrae dixit, amice, domi?
Cui mus; parce metu, respondit, dulce renitens:
Hic ego non victum quaero, sed hospitium.[73]

Opitz:

Als Asclepiades der Geitzwanst eine Mauß
Ersahe, sprach er: Freund, was kömpst du in mein Hauß?
Erschrick nicht, gab sie ihm mit Lachen den Bericht,
Ich wil nur wohnen hier, die Kost begehr ich nicht.[74]

Herder:

Der Hungerleider Asklepiades,
Sah eine Maus in seinem Hause. „Was?
Was bringst du mir, mein Mäuschen?“ sprach er süß.
„Sey ruhig, lieber Freund“, antwortet sie:
„In deinem Hause sucht ein Mäuschen selbst,
Zwar etwa Wohnung, aber keinen Tisch.“[75]

Opitzens Aufenthalt in Danzig wird von häufigen Reisen unterbrochen. Aus seiner Korrespondenz erfahren wir von mehreren Reisen nach Warschau an den königlichen Hof. Am 29. Juli 1638 weilte Opitz in Königsberg, wo er von dem Kreis der dortigen Dichter begeistert empfangen wurde.[76] Der bedeutendste unter ihnen, Simon Dach,[77] schrieb zu dieser Feierlichkeit ein elfstrophiges Lied, in dem er den Schlesier als Schöpfer der deutschen Dichtung besang und seine Verdienste um die deutsche Sprache unterstrich:

... Ja Herr Opitz, ewrer Kunst
Mag es Deutschland einig dancken,
daß der frembden Sprachen Gunst
Mercklich schon begint zu wancken.
Vnd man nunmehr ins gemein
Lieber deutsch begehrt zu seyn ...[78]

Die Musik zu diesem Text schrieb der bekannte Königsberger Tonsetzer Heinrich Albert, der Schöpfer des modernen deutschen Liedes.[79]

Im Frühling 1639 begab sich Opitz an die schlesische Grenze, um, wie er selbst schreibt, seinen Vater zu sehen, der weiterhin im Exil in Polen lebte. Es scheint jedoch, daß der eigentliche Grund dieser Reise die neue militärische Lage war. Nach zeitweiligen Mißerfolgen gingen die Schweden und die protestantischen Heere im Bündnis mit Frankreich wieder zum Angriff über. Die Armee Baners drang in Sachsen ein und marschierte von dort nach Böhmen, wo sie erst vor den Mauern Prags halt machte. Kleinere Einheiten der Schweden kämpften auch in Schlesien. Opitz und zahlreiche politische Flüchtlinge warteten mit Spannung auf die Befreiung Schlesiens von der Herrschaft der Habsburger.

Der Dichter hielt sich einige Zeit lang in Lissa auf, wo er ein lateinisches Gedicht auf den Tod des Sohnes Johann Schlichtings, Alexander, schrieb.[80] Kurz nach seiner Rückkehr nach Danzig ließ er auch ein Gedicht drucken, in welchem er den Tod Katharina Koreckas, der Frau von Andreas Leszczyński, betrauert.[81]

Aus demselben Jahre haben sich zwei an Opitz gerichtete Briefe von dem berühmten Pädagogen Comenius, der auch eine Zuflucht in Lissa fand, erhalten.[82] In einem dieser Briefe wird Opitz gebeten, sich des polnischen Dichters Matthias Gloskowski anzunehmen: „Magne Opitii, Vergili Germane. Mitto Tibi Maronem Polonum, cum quo familarem contrabas amicitiam, generosum D. Matthiam Gloskovium. Si me ames ama hunc Virum . . .“[83] Comenius bittet auch Opitz um eine Beurteilung seiner Werke, und zwar der *Didactica Magna* und der *Janua linguarum*.

Gleichfalls im Jahre 1639 veröffentlichte Opitz nach der Handschrift aus der Breslauer Rhedigerana das *Annolied*, ein Denkmal mittelalterlicher deutscher Dichtung aus dem XI. beziehungsweise XII. Jahrhundert.[84] Die Handschrift ist nicht bis auf unsere Zeit erhalten geblieben, und nur dank der Danziger Ausgabe ist sie in die deutsche Literaturgeschichte eingegangen.

Im Vorwort zu dieser Schrift befaßt sich Opitz mit Erwägungen, die Etymologie betreffend. Unter anderem spricht er von falscher Herleitung der Ortschaftsnamen in Schlesien. Er stellt fest, daß die Namen Bunzlau und Breslau eine Entstellung der Namen der Begründer dieser Städte sind, nämlich des Bolizlaus und Wratizlaus. Andere Städte werden gleichfalls falsch benannt, weil man sich einer fehlerhaften Argumentation bediene. So stammt zum Beispiel der Name Brieg nicht vom deutschen Wort Brücke, sondern vom polnischen Brzeg (= Ufer). Der Name Sagan stammt nicht vom deutschen Sag an, sondern vom slawischen Zagon (= Feldstreifen), Rostock dagegen bedeute schmelzendes Eis.

Gegen Ende des Jahres 1639 wütete in Danzig die Pest, der auch der zweiundvierzigjährige Opitz zum Opfer fiel. Über seine letzten Lebenstage und seinen Tod berichtet der vom Verleger Andreas Hünefeld verfaßte und Robertus Robertinus, dem königlichen Sekretär, überwiesene Bericht.[85] Dieses Schreiben wirft auch ein interessantes Licht auf das persönliche Leben des Dichters in Danzig.

Noch am 15. August abends weilte Opitz an die zwei Stunden bei der Hausfrau Hünefelds, am nächsten Tage war er Gast bei Nigrinus. Am Mittwoch schrieb er noch Briefe an den König.[86] Am 18. legte er sich nieder, da aber an diesem Tage die Hamburger Post abfahren sollte, brachte Olhafius ihm einen Brief mit der Bitte, diesen abzuschicken. Den kranken Dichter erblickend, stellte er fest, daß es Pest sei. Erst am Freitag gelangte die Nachricht von Opitz' Krankheit an die Hünefelds, die seines Ausbleibens wegen schon beunruhigt waren. Man machte sich also um ihn zu schaffen und verrichtete alles, was nötig war, doch es gab keine Rettung mehr. Den letzten Trost spendete ihm Niclassius, der reformierte Prediger aus der Peter-Pauls-Kirche. Am nächsten Tag, Sonnabend, dem 20. August, um ein Uhr mittags, starb der „Vater der deutschen Dichtung", Martin Opitz, so wie viele andere deutsche Dichter, im politischen Exil.

Obiger Bericht stimmt mit dem Brief überein, den der schon erwähnte Prediger Niclassius an den Freund des Verstorbenen, Nüßler, mit der Schilderung der tödlichen Krankheit des Dichters sandte.[87] Dieser Bericht wird von Andreas Jasky in seiner Einleitung zu Opitzens Korrespondenz ergänzt.[88] Danach habe der Dichter kurz vor seinem Tode alle Briefe, die politische Geheimnisse enthielten, in seiner Gegenwart verbrennen lassen. Das hatte zur Folge, daß Opitzens politische Tätigkeit Jahrhunderte hindurch recht wenig bekannt war.

Der Vater des Dichters, von den Habsburgern aus Schlesien vertrieben, hatte sich schon einige Jahre zuvor in Polen in der Nähe von Lissa mit seiner Familie niedergelassen. Auf die Nachricht vom Tode seines Sohnes wollte er dessen hinterbliebenes Vermögen in Besitz nehmen. Dabei stieß er jedoch auf große Schwierigkeiten, und erst dank der Intervention des Herzogs Johann Christian beim Danziger Stadtrat und bei Dönhoff gelang es ihm, das Eigentum des Sohnes zurückzuerlangen.[89]

Im nächsten Jahre ging Sebastian Opitz daran, die Bibliothek des Dichters, in welcher sich auch unveröffentlichte Manuskripte befanden, auf einer Versteigerung zu verkaufen. Die Bücher wurden von Martin Ruar, Bartholomäus Nigrinus und dem Danziger Patrizier Georg Preutten erworben.[90] Letzter kaufte auch die Fragmente bzw. Aufzeichnungen zu dem Werke *Dacia antiqua*, die er jedoch den Freunden des Dichters, die sie veröffentlichen wollten, vorenthielt. Unter den Handschriften befand sich auch die Übersetzung der 12 Bücher *De Civitate Dei* des Augustinus. Wie Oesterley berichtet, wurde sie im Jahre 1660 in Amsterdam anonym herausgegeben. Allerdings ist es wahrscheinlich, daß Opitz nicht der Übersetzer dieses Werkes war.

Die Nachricht von Opitzens Tode fand in ganz Deutschland und auch außerhalb der Grenzen seines Vaterlandes einen starken Widerhall. In Danzig gaben seine Freunde und Bekannten eine Sammlung deutscher und lateinischer Gedichte heraus.[91] In Breslau bereitete Christoph Coler, der zu dieser Zeit Professor des Elisabeth-Gymnasiums und Bibliothekar der Maria-Magdalenen-Schule war, eine Trauerfeier zu Ehren des Verstorbenen vor, die an Opitzens Namenstage, also am 11. November 1639, stattfinden sollte.[92] Professoren und Schüler beabsichtigten, in deutschen und lateinischen Reden und Rezitationen bei schwarzverhängten Wänden „maioris luctus significandi causa" den Dichter zu ehren. Von diesem Vorhaben benachrichtigte der Rektor des Elisabeth-Gymnasiums, Elias Major, den Breslauer Magistrat, wobei er seine Bedenken äußerte, ob eine so prachtvolle Veranstaltung ratsam sei. Trotz der Vorbehalte Elias Majors erteilte der Breslauer Rat die Erlaubnis zur Veranstaltung dieser Trauerfeier. Während der Feierlichkeiten hielt Coler in Anwesenheit hoher Gäste eine Rede zu Ehren des Dichters unter dem Titel *Laudatio honori et memoria viri clarissimi Martini Opitii solemiter dicta*, in welcher er den Lebenslauf von Opitz schilderte, wobei er jedoch geflissentlich alle Momente verschwieg, die sich auf die gegen die Habsburger gerichtete Tätigkeit des Dichters bezogen. Diese Rede wurde einige Jahrzehnte später von Melchior Weise in etwas abgeänderter Form in Leipzig herausgegeben. Im Jahre 1640 veröffentlichte der Holsteiner Johann Rist in Hamburg ein 620 Verse umfassendes Gedicht, das dem Andenken des schlesischen Dichters gewidmet ist und folgenden Titel trägt: *Lob-Trauer und Klaggedicht über gar zu frühzeitiges ... Absterben des Martin Opitzen ... des allerberühmtesten Poeten zu unseren Zeiten und in allen Wissenschaften und Künsten hocherfahrenen Mannes ...*

Infolge einer falschen Nachricht vom Tode Opitz' schrieb schon im Jahre 1638 Paul Flemming während seiner Persienreise vier Sonette zu Ehren des Dichters. Auch er besingt ihn als den deutschen Dichterfürsten.

Über Herr Martin Opitzen auf Boberfeld sein Ableben
(1638 Juni)

So zeuch auch du denn hin in dein Elyserfeld,
du Pindar, du Homer, du Maro unserer Zeiten,
und untermenge dich mit diesen großen Leuten,
die ganz in deinen Geist sich hatten hier verstellt.

Zeuch jenen Helden zu, du jenen gleicher Held,
der itzt nichts Gleiches hat, du Herzog deutscher Seiten;
o Erbe durch dich selbst der steten Ewigkeiten,
o ewiglicher Schatz und auch Verlust der Welt.

Germanie ist tot, die herrliche, die freie,
ein Grab verdecket sie und ihre ganze Treue,

die Mutter, die ist hin. Hier liegt nun auch ihr Sohn,
ihr Rächer und sein Arm. Laßt, laßt nur alles bleiben
ihr, die ihr übrig seid, und macht euch nur darvon.

Die Welt hat wahrlich mehr nichts Würdigs zu beschreiben.[93]

Auch der größte deutsche Epigrammatiker, Friedrich Logau, der mit seinem Lob bestimmt nicht leichtsinnig umging, besingt Opitz.

Vom Opitio.

Im Latein sind viel Poeten, immer aber ein Virgil.
Deutsche haben einen Opitz, Tichter sonsten eben viel.[94]

Der Ruhm und die allgemeine Anerkennung, der sich Opitz bei seinen Zeitgenossen erfreute, wurde ihm auch von den späteren Generationen der deutschen Dichter des 17. Jahrhunderts gezollt. Sie griffen immer wieder auf Opitzens Werk zurück, um es in verschiedener Richtung fortzusetzen und weiterzuentwickeln. Außer von den genannten Poeten wurde Opitz auch von anderen großen Dichtern des 17. Jahrhunderts besungen: von Christian Hofmann von Hofmannswaldau, Daniel Casper von Lohenstein – von der Schar weniger bekannter Dichter ganz zu schweigen. Jeder von ihnen erachtete es als seine Pflicht, den „Vater der deutschen Dichtung" in seinen Gedichten zu feiern, und das „Opitzieren" galt ihnen als Vorbild für ihr eigenes Schaffen.

Einer der letzten großen Verehrer des Schlesiers war Johann Christoph Gottsched, der im Jahre 1739, also am 100. Todestag des Dichters, eine Rede hielt, die er *Lob- und Gedächtnisrede auf den Vater der deutschen Dichtkunst, Martin Opitzen von Boberfeld* nannte.[95] Bodmer und Breitinger schickten sich an, eine Ausgabe der Werke des Schlesiers herauszugeben, deren erster und einziger Band im Jahre 1755 erschien.[96]

In der zweiten Hälfte des 18. und in den ersten Jahrzehnten des 19. Jahrhunderts fand das Werk des Schlesiers, das man aus der Perspektive dieser Zeit betrachtete, eine negative Beurteilung: Opitzens Epoche wurde damals als eine Periode des Verfalls der deutschen Dichtung angesehen, und erst seit der zweiten Hälfte des 19. Jahrhunderts begann die allmähliche Rehabilitierung der Dichtung des Schlesiers.

Heute ist man der Meinung, daß Opitzens Werk keinen großen künstlerischen Wert besitzt und daher – mit Ausnahme einiger Gedichte – den modernen Leser nicht anzusprechen vermag. Gleichzeitig aber ist man sich der Rolle bewußter geworden, die das Schaffen des Schlesiers in der damaligen geschichtlichen Epoche spielte. Es wies der deutschen Dichtung den Weg für ein ganzes Jahrhundert. Opitz hat die Aufgaben, die damals vor den deutschen Dichtern standen, klar erkannt. Schon in seinem *Aristarchus* nahm er den bewußten Kampf um eine deutsche Nationalliteratur auf. Dieser Kampf wurde ihm zur Aufgabe seines Lebens. Als Reformator und Neuerer auf verschiedenen Gebieten der deutschen Dichtung hat er eine bedeutende Rolle gespielt. Seine Arbeit als Literaturtheoretiker verband Opitz aufs engste mit seiner poetischen Praxis. Die durch ihn hochgeschätzten jambischen Alexandriner nahmen in der Literatur bis zum Auftreten von Klopstock und Lessing einen Ehrenplatz ein. Auch Opitzens Lieder fanden zahlreiche Nachahmer.

Der Schlesier verschaffte der Schäferdichtung Eingang in die deutsche Literatur. Zu dieser Dichtungsgattung gehört das Libretto der ersten deutschen Oper *Daphne*, das er nach italienischem Vorbild schrieb, sowie die *Schäfferey von der Nimpfen Hercinie*. Das *Hohelied* bedeutete die Einführung bukolischer Elemente in die deutsche religiöse Literatur.

Ebenfalls auf die Weiterentwicklung des Dramas übte Opitz einen entscheidenden Einfluß aus. Seine Übersetzungen bzw. Überarbeitungen der *Trojanerinnen*, der *Judith* und der *Antigone* regten die deutschen Dichter zur selbständigen schöpferischen Leistung an. Der hervorragendste unter ihnen war der Schlesier Andreas Gryphius. Auf dem Gebiet des Romans beschränkte sich Opitz auf Übersetzungen. Aber auch hier zeigte er ein Gefühl für die Bedürfnisse seiner Zeit. Davon zeugt Barclays *Argenis* und die „Neubearbeitung" der *Arcadia*.

Das gesamte in deutscher Sprache geschriebene Werk des Dichters übte einen starken Einfluß auf die Gestaltung der deutschen Schriftsprache aus. An Luther anknüpfend, festigte Opitz die Stellung des Ostmitteldeutschen. Als später Gottsched im Jahre 1748 neue Regeln für die ostmitteldeutsche Schriftsprache aufstellte, griff er, wie auch andere Grammatiker jener Zeit, nicht auf das Deutsch Luthers, sondern auf die Sprache Opitzens zurück.

Opitz wurde nicht nur als Dichter, sondern auch als Redner und Gelehrter hoch geschätzt. Das größte Interesse in der damaligen gelehrten Welt riefen seine Forschungen über *Dacia antiqua* hervor und brachten ihm Ruhm und Anerkennung, obwohl sie niemals im Druck erschienen waren. Besonderen Wert besitzt seine Ausgabe des *Annoliedes* nach einer Handschrift der Rhedigerana, denn dank der Ausgabe ist dieses Denkmal der mittelalterlichen deutschen Dichtung bis auf unsere Tage erhalten geblieben.

Wenn wir einen Versuch unternehmen, Opitz aus der Perspektive unserer Zeit einzuschätzen, dürfen wir ihn nicht von dem historischen Geschehen, mit dem sein Werk so eng verbunden war, loslösen. Seine Größe liegt für uns in der Rolle, die der Dichter in seiner Epoche spielte, liegt eben darin, daß er sich so sehr mit seiner Zeit, mit dem Neuen im Leben seines Volkes verbunden gefühlt hatte. Und nicht zuletzt darin, daß er „die Anerkennung der gesellschaftlichen Aufgabe und Stellung des deutschen Dichters“ erkämpfte. Das ist der historische Maßstab für den Wert, den Opitzens Werk für uns darstellt. Aber dies nicht allein. Das Schaffen des Dichters ist uns auch darum teuer, weil es vom Geiste der Toleranz getragen wird und gegen Krieg protestiert. Schließlich gibt es aber in Opitzens Leben und Wirken eine Seite, die auch dem polnischen Forscher besonders nahesteht. Es ist die Tatsache, daß Opitzens Weg durch Polen führte, daß er hier Freunde besaß, daß er die polnische Kultur hochschätzte und mehrere Jahre in Polen lebte und auf polnischem Boden sein arbeitsreiches Leben beendete. Und dies ist kein geringer Grund dafür, daß Opitz auch in der polnischen Wissenschaft den ihm gebührenden Forscheraufwand findet.

ANMERKUNGEN

Auf dem Wege zu neuer Dichtung

1 Officina ferraria abo huta i warsztat z kuźniami szlachetnego dziela żelaznego przez Walentego Roździeńskiego teraz nowo wydana. Kraków 1612, dr. S. Kempini. Das Werk entstand in den Jahren 1601–1611. Über die schlesische Literatur in polnischer Sprache siehe: Jósef Gierowski, Mieszczaństwo polskie na Slasku in jego walka o jezyk i kulture polska w XVI i XVII w., in: Szkice z dziejów Slaska, Warszawa 1953, S. 234–266.

2 Ich stütze mich hier auf die Forschungsergebnisse von Prof. Dr. J. Gierowski über die sozialen und nationalen Zustände im Schlesien des XVII. Jhs.

3 In der Vorrede zu dem polnischen Kirchengesangbuch, das im Jahre 1673 in Brieg gedruckt wurde, lesen wir, daß sich die polnische Bevölkerung Schlesiens schon seit Jahren der in Thorn, Danzig und Königsberg veröffentlichten polnischen Kirchengesangbücher bediente. Siehe auch M. Szyrocki, in: Aufbau, Heft 4, April 1955, S. 301–307.

4 Dieses Geburtsdatum wird jetzt allgemein angenommen, und zwar an Hand der eigenen Angabe des Dichters in der Vorrede zu seiner poetischen Übersetzung des „Hohenliedes", die am 31. Dezember 1627 unterzeichnet wurde. Opitz erklärt dort, das dreißigste Lebensjahr beendet zu haben. Indessen wird in der Handschrift R 2306, die sich in der Universitätsbibliothek zu Wrocław befindet und eine kurze biographische Skizze des Dichters enthält (die auf Grund einer Relation seines Bruders Sebastian Opitz, der in Rawicz/Polen Schuhmacher war, niedergeschrieben wurde), als Geburtsdatum der 23. Dezember 1595 angegeben. Andreas Senftleben gibt in „Peplus bonorum ingeniorum Boleslaviensium", Lignicii 1674, ebenfalls als Geburtsdatum das Jahr 1595 an. Opitz' Danziger Freund Johann Mochinger schreibt in der Nachricht über das Ableben des Dichters: „Hic Gedani, Anno MDCXXXIX. Die XX. Augusti Anno Aetatis suae XLIII."

5 E. Wernicke, Chronik der Stadt Bunzlau. Bunzlau 1884, S. 85, 90, 98, 138, 160, 216, 245, 474.
T. Dobrowolski, Śląskie malarstwo ścienne i sztalugowe, Nakł. PAU. 1936, S. 99

6 Großes vollständiges Universal-Lexicon Aller Wissenschaften und Künste... Leipzig und Halle. Verlegts Johann Heinrich Zedler, 1740, Bd. 25, Sp. 1652 ff. Allgemeines Gelehrten Lexicon, Dritter Theil, herausgegeben von Christian Gottlieb Jöcher. Leipzig 1751.

7 Baltazar Opeć, Żywot Pana Jesu Krysta, Stworzyciela i Zbawiciela rodzaju ludzkiego, wedle Ewangelistów świetych, z rozmyślaniem naboznem doktorów Pisma Świętego krótko zebrany. Kraków 1522.

8 Im Jahre 1635 schrieb Opitz ein deutsches Gedicht „Was wolt ich lieber schreiben..." Den Anlaß dazu gab die bereits vierte Heirat seines Vaters.

9 E. Wernickte, Chronik . . ., Stammtafel der Familie Opitz.

10 Kaspar Gottlieb Lindner, Umständliche Nachricht von des weltberühmten Schlesiers Martin Opitz von Boberfeld Leben, Tode und Schriften . . . Hirschberg 1740/41, T. I, S. 142. Lindner übernahm in sein Buch die von Christoph Coler verfaßte lateinische Biographie des Martin Opitz und übersetzte sie ins Deutsche. (Die in unsern Anmerkungen genannten Seiten beziehen sich auf den deutschen Text.)

11 K. G. Lindner, Umständliche Nachricht . . ., T. I, S. 129–136.

12 Ebenda, S. 147 ff.
E. Wernicke, Chronik . . ., S. 260.

13 H. Palm, Das deutsche Drama in Schlesien bis auf Gryphius, in: Beiträge zur Geschichte der deutschen Literatur des XVI. und XVII. Jhs. Breslau 1877, S. 124.
E. Wernicke, Chronik . . ., S. 292, 296–298, 302, 303.

14 Davon zeugen vor allem die materiellen Sorgen des jungen Opitz. Der Vater des Dichters entstammte einer kinderreichen Familie und konnte daher nicht viel von seinen Eltern geerbt haben. Rat der Stadt Bunzlau wurde er erst im Jahre 1631, und das mit Rücksicht auf seinen Sohn, den Dichter und engsten Mitarbeiter des damals in Schlesien allgewaltigen Burggrafen von Dohna.

15 E. Wernicke, Chronik . . ., S. 303. Wernicke fügt Photokopien dieser Rechnungen bei.

16 Klucz do polskiego y niemieckiego jezyka, to jest gruntowna nauka, jako sie nietylko Niemiec Polskiego, ale jako sie y Polak niemieckiego jezyka latwiey y rychley czytać, zrozumieć, mówić y pisać nauczyć moze. Wroclaw 1616. Weitere Ausgaben erschienen 1680 und 1706.

17 Dictionarium nominum, verborum que latino-polonico-bohemico-germanicum. Breslau typis G. Baumanni, sumpt. Dav. Muelleri 1620.

18 K. G. Lindner, Umständliche Nachricht . . ., T. I, S. 149 ff.

19 Thura Votiva Arae conjugali . . . Dn. Michaelis Timaei . . . et . . . Rosinae . . . Dn. Johannis Neomenii . . . filiae . . . Consecrata et Oblata ab amicis . . . Brigae Typis Casp: Sigfridi Ao 1615.
In dieser Sammlung befindet sich das lateinische Gedicht Opitz': „Flecte Venus roseas aura nubente columbas . . ."

20 Casparis Cunradi Phil. et Med. D. Theatrum Symbolicum in quo Sacrum illud Davidicum Domini est salus . . . Olsnae Siles. Sumtibus Autoris. Typis Bössemesserian (1624) – Casparis Cunradi Sil. Phil. et Med. D. Prosopographiae Melicae, Millenar. III. – Hanoviae Sumptibus Conradi Eifridi. M. DC. XXI.

21 Es wurde angenommen, daß dieses Gedicht, das mit den Worten „Cunrade, humani meus et sublimis imago . . ." beginnt, im Jahre 1621 entstanden ist. Dieses Gedicht ist jedoch zweimal datiert: In der „Prosopographia melica" . . . mit der Anmerkung: „Vratislaviae scripsit m. April, anno 1621", und im 9. Hundert des „Theatrum Symbolicum", das im Jahre 1624 erschienen ist mit der Notiz: „Vratisl. M. Septemb. A. 1615." Für die Richtigkeit der zweiten Datierung spricht der Inhalt des Gedichts. Der junge Dichter bittet Cunrad sein im Knabenalter geschriebenes Gedicht (Infantes versum) nicht

zu verschmähen. Das gibt uns zugleich Aufschluß über Cunrads Distichon, das Opitz seiner Gedichtsammlung „Strenarum libellus", die im Januar 1616 erschienen ist, voranstellte. Der Zweizeiler Cunrads mit dem Datum des 9. September 1615 entstand also nicht im Zusammenhang mit den im „Strenarum libellus" enthaltenen Gedichten, deren Inhalt darauf hinweist, daß sie erst in der Zeit zwischen Weihnachten und Neujahr 1615 geschrieben wurden. Cunrad wollte mit diesem Zweizeiler Opitz seinen Dank für das Gedicht „Domini et Salus" zum Ausdruck bringen. Siehe auch M. Krause, Studien zur deutschen und lateinischen Gelegenheitsdichtung von Martin Opitz. Diss. phil. Breslau 1942 (Maschinenschrift), S. 119, 122–125.

22 Martini Opitii Boleslaviensis Silesii Strenarum Libellus. Val. Senftleben Praetori et Rectori patriae consecratus. Gorlicii Johannes RhaMba eXCV Debat.

23 Ebenda.

25 Auf Weihnachten weist das an den Diakon Melchior Pöpler gerichtete Gedicht, das der Dichter unmittelbar unter dem Einfluß der Festpredigt Pöplers niedergeschrieben hat.

26 C. D. Klopsch, Geschichte des ehemaligen berühmten Schönaichschen Gymnasiums zu Beuthen an der Oder ... Groß Glogau 1818, S. 215–219.

27 Ebenda, S. 216.
D. H. Hering, Geschichte des ehemaligen berühmten Gymnasiums zu Beuthen a. d. Oder. Breslau 1784–1788, T. IV, S. 9.

28 K. G. Lindner, Umständliche Nachricht ..., S. 154.

29 C. D. Klopsch, Geschichte ..., S. 2.

30 Ebenda, S. 8.

31 Ebenda, S. 23.

32 Ebenda, S. 23. Die Fronarbeit der leibeigenen Bauern nannte man hier „Die Roboten". (Polnisch heißt Arbeit „robota".) Ein gewisses Licht auf die Persönlichkeit Johannes von Schoenaichs werfen folgende Sätze: „... die Bürger von Beuthen wären vielleicht noch heute nicht von Roboten frei, wenn er (Johannes von Schönaich) sie ihnen nicht für geringen Entgelt erlassen hätte, damit er sie als Bürger, nicht als Bauern behandeln könnte und sie imstande wären, besser zu bauen". (Klopsch, Geschichte ..., S. 187.)

33 T. Wotschke, Das Lissauer Gymnasium am Anfang des XVII. Jhs., in: Zeitschrift d. Hist. Gesellschaft für die Provinz Posen, 21 (1906), Bd. 2, S. 24.

34 D. H. Hering, Geschichte ..., T. IV, S. 5, 10, 11.
K. Estreicher, Bibliografia, Bd. 32, S. 286, 300.

35 T. Wotschke, Das Lissauer Gymnasium ..., S. 24.

36 Ebenda, S. 18. – C. D. Klopsch, Geschichte ..., Im letzten Teil dieses Buches sind die Biographien aller Professoren des Beuthener Gymnasiums angeführt.

37 C. D. Klopsch, Geschichte ..., S. 24, 25, 113.

38 Hering erwähnt u. a. auch den Disput, welchen Georg Vechner mit dem Polen Martin Ambrosius geführt hat. Diese Schrift erschien unter dem Titel „Psalmi XV. analysis exegetica didactica δυζητηδει scholasticae in ill. Gymn. Schoen. ex moderatione Georgi Vechneri – proposita a Martino Ambrosio, Polono, καδδυναμιν responsuro ad 22. Dec.". (Hering, Geschichte ..., T. V, S. 7.)

39 C. D. Klopsch, Geschichte . . ., S. 114, 119, 154, 175. – Joanne Miller S. J., Historia Collegii Glogowiensis Societas Jesu, Anno 1723. Abgedruckt in: Festschrift zur Dreihundertjahrfeier 1626–1926 des Staatlichen Katholischen Gymnasiums in Glougau. Breslau 1926, S. 18.

40 K. G. Lindner, Umständliche Nachricht . . ., S. 154, 155.

41 N. Henellii . . . Silesiographia Renovata . . . Wratislaviae et Lipsiae . . . Anno MDCCIV. S. 1203 f.

42 Tobiae Sculteti Ossitiensis Subsecivorum Poeticorum Tetra Prima: In qua Suspiria; Phalenci; Philotesia; Epigrammata Myrtilleti ad Nicrum, Typis A. Smesmanni Anno 1594, S. 143. Tobiae Sculteti Ossitien Hermun. D. Decas Epigrammatum Ad Gvolfgangum Zundelium, V. Excellentiss. Consiliar. Palatin. Heidelbergae, Apud A. Smesmannum 1594.

43 Philotesiarum Libellus S. 90, in: Album Generosis. Dn. Marci Olesnicii Poloni. – S. 103, in: Album Johannis Wilami de Kalitzcany. Equ. Poloni: S. 104, in: Album Martini Codicij, Poloni.

44 Casparis Dornavi Dulc-Amarum, h. c. De dulcedine ex amaritiae crusis morborum et mortis haurienda, soliloquia: cum Episodiis argumenti haud ab similis. Bethaniae Typis Joan. Dörferi (1618). Die Elegie beginnt mit den Worten: „Sic tibi rivalis Zephyrus . . ." In der Handschrift R 2305b der Universitätsbibliothek Wrocław ist sie datiert „Bethaniae. 1616" (Bl. 28.)

45 Parallela Oratorum Poetarumquae vetereum et hodiernum . . . adumbrata a J. Melideo . . . III Non. April. An. Chri. M.DC.XVII. Bethaniae a Viadr. Enthält Opitz' Gedicht „Distrahitur binis doctorum natio sectis . . ."

46 Balth. Exneri . . . et Evae Barthiae nuptiis Epotopaignion. Enthält Opitz' Gedicht „Ut primum venere" und das Epigramm „Exnerus teneri . . ."

47 Quaternio votorum pro salute . . . Dn. Tobiae à Schvvannensee et Bregoschitz cognomento Sculteti . . . ad diem XXII Augusti qui est dies Tobiae, cultus et reverentiae ergo à filio et clientibus devotissimis nuncupatorum. Bethaniae Typis Johannis Dörfferi. (1617) Enthält Opitz' Gedicht in Hexametern „Aestuo nec voti novit se terminus, omnis . . ."

48 Guilelmo Cothurnio „Non ulla . . ." In Martini Opitii Boleslaviensis Silesij Poemata Latina, Universitätsbibliothek Wrocław Hs. R. 2305b Nr. 35. Deutscher Text nach M. Krause, Studien . . ., S. 110, 111.

49 Herrn Matthäi Ruttarti und Jungfrau Annä Namslerin Hochzeitslieder, von zweyen gutten Freunden gestellet. Gedruckt zu Görlitz, bey Johann Rhambau 1618. Darin Opitz' Gedicht „Ihr vielgeliebtes Par, die ihr die enge Straßen". Der Einzeldruck ist nicht erhalten. Gedicht abgedruckt bei Zincgref (1624).

50 E. Höpfner, in: Zeitschrift für deutsche Philologie, 8 (1877), S. 471.

51 Aristarchus sive de contemptu Linguae Teutonicae. Auctore Martino Opitio. Bethaniae, excudebat Johannes Dörfer. (1617) Neuausgabe von G. Witkowski, Leipzig 1888, S. 113. Witkowski hat den lateinischen Text abgedruckt und eine deutsche Übersetzung gebracht. Die Seitenzahlen beziehen sich auf den deutschen Text.
Eine ausführliche Besprechung des „Aristarchus" bringt: Curt von Faber du Faur, Der Aristarchus: Eine Neuwertung, in: Publications of the Modern Language Association of America, 69 (1954), S. 566–590.

52 Aristarchus, Neuausgabe . . ., S. 106.

53 E. Höpfner, Amadis, nicht Bienenkorb, in: Zeitschrift für deutsche Philologie, 8 (1877), S. 467–477; Opitz als Benutzer Fischarts, ebenda, S. 477–482. C. v. Faber du Faur, Der Aristarchus . . ., S. 581 f.

54 Aristarchus, Neuausgabe . . ., S. 113, 114.

55 M. Rubensohn, Der junge Opitz, in: Euphorion, 2 (1895) und 6 (1899).

56 Aristarchus, Neuausgabe . . ., S. 113.

57 R. Schlösser, Ronsard und Schwabe von der Heyde, in: Euphorion, 6, S. 271 bis 276.

58 M. Rubensohn, Der junge Opitz, in: Euphorion, 6, S. 24 ff. und 221.

59 Ebenda.

60 C. D. Klopsch, Geschichte . . ., S. 242–244. – „Augusta virtus et honorem . . ." in Martini Opitii Boleslaviensis Silesij Poemata Latina. Hs. R. 2305b, Nr. 4, und in Hs. Rr. 402, S. 221.

61 Martini Opitii Hipponax ad Asterien puellam formae et animi dotibus longe amabilissimam. Item Germanica quaedam ejusdem argumenti. Gorlicii JohannsJs RhaMbae typ J eXCVDebant. Deutscher Text nach M. Rubensohn, Euphorion 6, S. 53 f.

62 Anthologia diaforon epigrammaton palaion Florilegium Epigrammatum veterum in Centurias distributum. Opus nov. antiquum, Lusatiae Literatae scr. Versione Latina gemina, soluta et ligate (cum autoris perpetua, tum aliorum diversorum saepius intertexta) adornatum. Centuria prima. Gorlicii, JohannJs RhaMbae Typ J eXCVDebant. (MDCXVIII) Im Druck erschienen fünf Zenturien.

62 Siehe M. Rubensohn, Griechische Epigramme und andere kleinere Dichtungen in deutschen Übersetzungen des XVI. und XVII. Jhs. Weimar 1897, S. CLXXXVII–CCL und S. 37–53, 105–131.

64 M. Rubensohn, Euphorion, 2, S. 57–99.

65 J. Jancke, Einige historisch-genealogisch-kritische Zusätze und Berichtigungen zu Knauths Gymnasium Augustanum. Neues Lausitzer Magazin Nr. 41.

66 Amphitheatrum Sapientiae Socraticae Joco-seriae . . ., in duos Tomos parti ex libris editis, partim manuscriptis congestum tributumque a Casparo Dornavio. Hanoviae MDC. XXIX. Darin das Gedicht: „Jvuenantibus Poëtis."

67 Die deutschen Gedichte wurden von M. Rubensohn in Euphorion 6, S. 25–27, abgedruckt: 1. Sonnet. E Belgico „Was will ich . . ." 2. Epigramma „Was lieb ich doch . . ." 3. Aliud. Ex Mureto „Wenn nicht die Sonne scheint . . ." 4. Aliud. Perit perire nolens „Ob uns der Liebe Last . . ." 5. Aliud. E Casp. Barthio translatum „Die keusche Liebe . . ." 6. Echo oder Widerhall „Echo Göttin . . ."

68 Aristarchus, Neuausgabe . . ., S. 113.

69 Eine Biographie Kirchners schrieb Martin Opitz auf Wunsch des Nikolaus Henelius. Der Brief Opitz' an Henelius wurde abgedruckt in: H. Palm, Beiträge . . ., S. 186–189, und in: A. Reifferscheid, Quellen zur Geschichte des geistigen Lebens in Deutschland während des siebzehnten Jahrhunderts. Nach Handschriften, Bd. I, Briefe G. M. Lingelsheims, M. Berneggers und ihrer Freunde. Heilbronn 1889, S. 545–550.

70 Hipponax, ad Thaumantidem suavissimam puellam. In quo vita, studia, mores poetae, tum quae ex eis petitur, animi Transquillitas, discribuntur. In equo conceptus. In den Poemata des Daniel Heinsius sechste Auflage, Leyden 1617, S. 133–156.

71 Aristarchus, Neuausgabe . . ., S. 113.

72 Das Original dieses Sonetts befindet sich in der Anthologie niederländischer Gedichte, die unter folgendem Titel erschien: „Den Bloem-Hof Van de Nederlantsche Ieught beplant Met uijtgelesen Liedekens en dichten, Vergeselschapt met eenen Maywagen door verscheyden Liefhebbers geco-t: Noyt in den druck gesient'. Amstelredam. Bij Dirck Pieterss in de Witte Parsse op het Waeter ao 1610."

73 Siehe Anmerkung 49.

74 Aristarchus, Neuausgabe . . ., S. 115.

75 K. G. Lindner, Umständliche Nachricht . . ., S. 156.

76 In der Handschrift R 2305b trägt das Gedicht das Datum 1616. Oesterley nahm das Jahr 1617, Rubensohn 1618 als Entstehungszeit an.

77 M. Rubensohn, Euphorion, 6, S. 233 Anmerkung.

78 Ebenda, S. 35, 37. – A. Herrmann behauptet in Opitz Márton Erdélyben (1622–23), Budapest 1876, S. 12, daß Opitz das neue metrische System erst in Siebenbürgen anzuwenden begann, ohne dafür Beweise zu liefern.

79 M. Rubensohn, Euphorion, 6, S. 28–37.
M. Krause, Studien . . ., S. 138–153.

80 Orchestra Melica ad Orgia Hymeneia Boleslaviae Silesiorum habenda solemnia Novis Sponsis. Dn. Sebastiano Namslero . . . et Ursulae Weigeliae . . . ad 26. Februarii diem, Anni 1618. Proteleia amicorum exhibentur. Gorlicii, JohannJs RhaMbae typJ eXCVDebant. Enthält Opitz' Gedicht: „So offt ich bey mir selbst . . ."

81 Martini Opicii, Teutsche Pöemata vnd Aristarchvs wieder die verachtung Teutscher Sprach, Anno 1624, Hrsg. von Zincgref. Martini Opitii Acht Buecher Deutscher Poematum . . . Inn Breslaw, 1625.

82 Viro Cl. Dn. Casparo Kirchnero poet. Caes. et philologo et Martha Queisseriae sponsis, solemiter Boleslaviae Silesiorum maritandis amici εὐγαμεῖν Argentorati 1619. Enthält neben lateinischen Gedichten das deutsche Gedicht von Martin Opitz „Hochzeitstag" 18. III. 1619.

83 Ebenda. – Auch bei E. Höpfner, Straßburg und Martin Opitz, Beiträge zur dt. Phil. Halle 1880, S. 295–302.

Reisejahre

1 Thalassio, Lectissimis Sponsis . . . Jano Tscherningio, Senatori Boleslaviensi, . . . nec non . . . Annae Wolfrombiae . . . Pridie Non. Septembris Anno 1619 . . . Decantatus a cognatis et amicis. Gorlicii eX offJCJna RhaMbaVJana proDJt. Enthält Opitz' Gedicht „Quid mihi cum viduo? impubes amplector amores", unterzeichnet: Martinus Opitius relinquebat Lipsiae.

2 G. Toepke, Die Matrikel der Universität Heidelberg. T. II. Heidelberg 1886.

3 Während seines Heidelberger Aufenthaltes gab Tobias Scultetus im Jahre 1594 eine umfangreiche Sammlung seiner Gedichte heraus, siehe oben Anm. 42. In dem bekannten Werk Gruters „Thesaurus, sive corpus inscriptionum totius orbis Romani antiquarum", das im Jahre 1609 erschienen war, befindet sich u. a. auch ein Lobgedicht von Tobias Scultetus.

4 Caspar Cunrad unterhielt mit Gruter eine lebhafte Korrespondenz, die sich zum Teil in der Universitätsbibliothek Wrocław befindet.

5 Als Gruter von der Gründung der Akademie in Beuthen erfuhr, übersandte er Dornau ein aus diesem Anlaß verfaßtes lateinisches Gedicht, und in einem Begleitschreiben bemerkt er u. a.: „Und wahrlich wenn ich jünger wäre, an dieser Schule würde ich sterben." (C. D. Klopsch, Geschichte . . ., S. 52)

6 C. D. Klopsch, Gedichte . . ., S. 61.

7 Des berühmten Schlesiers Martini Opitii von Boberfeld (Bolesl.) Opera Geist- und Weltlicher Gedichte Nebst beygefügten vielen andern Tractaten so wohl Deutsch als Lateinisch . . . Jetzo zum siebenden mahl gedruckt. Breslau. Verlegts Jesaias Fellgibel. Buchhändler. (1690) T. II, S. 332. Dieses Werk wird im weiteren als „Opera" zitiert.

8 K. G. Lindner, Umständliche Nachricht . . ., T. II, S. 14.

9 siehe oben Anm. 69.

10 Ebenda, S. 516, 520, 521, 523, 938.

11 Oratio ad serenissimum et potentissimum principum Fridericvm regem Bohemiae. Auctore Martino Opitio Silesio . . . Typis Gotthardi Voegelini. Prosa. Am Schluß 7 Distichen: Ad evndem Vratislaviam ingredientem, epigramma eivsdem. „Aspice, Rex, nostram, tibi quae dicat omnia, Breslam". – Mit dieser Rede befaßt sich K. Wels in „Opitzens politische Dichtungen in Heidelberg", in: Zeitschrift für deutsche Philologie, 46 (1915), S. 87–95.

12 Oratio . . .

13 Ebenda.

14 Ebenda.

15 H. Palm, Beiträge . . ., S. 149–157.

16 In einem Briefe an Coler vom 28. Februar 1628 schreibt Opitz: „Ego earum nugarum, quas adolecens fere Heidelbergae et alibi excogitaveram, pretium nunc quoque hic fero. Omnes enim aedes, omnes plateae cantiunculis meis perstrepunt, quae in compitis quoque uno alteroque obulo venduntur. Vivus intersum meae famae, si diis placet, et puellarum animos ac ancillas lepidus scilicet suaviludius oblecto. Nunc ut ab his annorum delitiis remisi, ita tamen iuvat praeteritorum reminisci." (A. Reifferscheid, Quellen . . ., S. 316.)

17 Martini Opicii Teutsche Poemata vnd Aristarchus . . . Straßburg . . . 1624, S. 89, 90.

18 K. G. Lindner, Umständliche Nachricht . . ., T. I, S. 168.

19 Siehe auch Janis L. Gellinek, Liebesgedichte und Lebensgeschichte bei Martin Opitz, DVjs 62 (1968), S. 161–181.

20 A. Reifferscheid, Quellen . . ., S. 107.

21 M. Rubensohn, Der junge Opitz, in: Euphorion, 6, S. 264.

22 M. Opitz, Opera . . ., T. II, S. 359.

23 Ebenda, S. 334.

24 Das Gedicht Hamiltons erschien im Anhang von „Martini Opicii Teutsche Poemata . . ., 1624".

25 Siehe auch Th. Weevers, Some aspects of Daniel Heinsius influence of the style of Opitz, in: Modern Language Review, 34 (1939), S. 230–239.

26 K. G. Lindner, Umständliche Nachricht . . ., S. 170, 171.

27 M. Opitz, Opera . . ., T. II, S. 187.

28 M. Rubensohn, Der junge Opitz, in: Euphorion, 6, S. 269, 270. C. Roos identifiziert dagegen den Belt mit Mare Balticum und nimmt an, daß sich die Reisenden auf das Gut Pronsdorff begaben, das „etwa zwei Stunden vor Lübeck" liegt. Von da ging der Weg nach dem „Schloß Gram in Nordschleswig". Orbis literarum, 6 (1948), S. 106 ff.

29 M. Opitz, Opera . . ., T. II, S. 335–337.

30 Martin Opitz, Buch von der deutschen Poeterey. Abdruck der Erstausgabe. Halle (Saale) 1902, S. 17. Wird im weiteren als „Buch" zitiert.

31 M. Opitz, Opera . . ., T. III, S. 210–217.

32 Dan. Heinsii Lobgesang Jesu Christi des einigen vnd ewigen Sohnes Gottes. Aus dem Holländischen in HochDeutsch gebracht durch Mart. Opitium. (Zu Ende:) Zu Görlitz im Marggrafthumb Oberlausitz druckts Johann Rhambaw. M. DC. XXI. „An den Leser".

33 Trost Getichte in Widerwertigkeit Dess Krieges, In vier Bücher abgetheilt, Vnd vor etzlichen Jahren von einem bekandten Poëten anderwerts geschrieben. In verlegung David Müllers Buchhendlers in Bresslaw. Leipzig, Gedruckt bey Henning Kölern, Anno MDCXXXIII. Die Widmung: Serenissimo principi Vlderico, Potentissimi Daniae Regis Filio . . ., datirt: E. Museo, XI Kal. Septembres.

34 Martin Opitz, Weltliche und geistliche Dichtung, herausgegeben von H. Oesterley. Berlin (1889), S. 272–274.

35 Ebenda, S. 281.

36 Ebenda, S. 292.

37 Ebenda, S. 310.

38 M. Opitz, Opera . . ., T. II, S. 335.

39 Siehe Anmerkung 32.

40 Ebenda, „An den Leser".

41 Virtuti honoriqve et immortali Illustriss. Heroinae Sophiae-Elisabethae Principis Anhaltinae . . . Sereniss. Principis Georgii Rudolphi . . . Conjugis Memoriae Sacr. devotè Parentantium Lacryimae et Solatia. Enthält Opitz' Gedicht „O wol dem welcher noch, weil seine Jugend blühet". Es gibt einen Druck, welcher auch das Gedicht enthält „O clara divae Stella Silesiae". Todestag 2. Februar 1622.

42 Danielis Heinsii Hymnus oder Lobgesang Bacchi, darinnen der gebrauch vnd missbrauch des Weines beschrieben wird. Aus dem Holländischen in Hochdeutsch gebracht Durch Martinum Opitium. Gedruckt zur Liegnitz Im Jahr: 1622.

43 Sein Freund Caspar Sinner wundert sich darüber und erkundigt sich in einem Brief aus dem Jahre 1622 über die Liebesangelegenheiten Opitz'. Dieser Brief wurde von Witkowski abgedruckt. (Zeitschrift für deutsche Philologie, 21

(1889), S. 180–182.) Der Brief trägt die Anschrift: „Doctissimo Dn. Martino Opitio LL. SS. studiosissimo Amico ac Fratri carissimo. In der grossen Apotheck Lignitz abzugeben."

44 Die Freundschaft Bethlen Gabors mit den schlesischen Piastenfürsten, die auch Anhänger des Calvinismus waren, gestaltete sich seit dem Jahre 1619 im Zusammenhang mit dem Abschluß des gegen den Kaiser gerichteten Bündnisses noch enger. Nach dem Friedensvertrag von Nikolsburg erhielt Bethlen von Ferdinand II. die Fürstentümer Ratibor und Oppeln.

45 A. Herrmann, Opitz . . ., S. 14, 15.

46 K. G. Lindner, Umständliche Nachricht . . ., S. 70.

47 Q. D. B. V. Michaelis Bartschii Et Helenae Burchardiae, Secundum Sponsae, Inauguratio Connubialis. XVII. Januar. Ao 1623. SvidnicI Silesior. Typis Joan. Venatoris Excusa. Enthält Opitz' Gedicht: Ad Cl. V. Dn. Michaelem Bartschium amicum fraterna fide sibi junctum „Hoc etiam adversae pars est asscribere sorti" unterzeichnet: Mart. Opitius iter Panonicum moliens raptim scripsit Bolesl. Sil. Non. Maj. A. 1622. Sowie ein zweites Gedicht: Ad optimum amicorum M. B. V. Cl. Sponsum „Bartschi (namq. tui modo recordor)" unterzeichnet: Mart. Opitius Lusi Cassoviae, Pridie Cal. Jun. A. 1622.

48 Ebenda.

49 Eine Inhaltsangabe dieser Rede wurde von A. Herrmann im „Archiv für Literaturgeschichte" abgedruckt unter dem Titel: „Eine lateinische Leichenrede Opitzens", 9 (1879), S. 138–143.

50 K. K. Klein hat in seinem Aufsatz „Beziehungen Martin Opitzens zum Rumänentum", Hermannstadt 1927 – entgegen der Behauptung von Rist – nachgewiesen, daß Opitz die ungarische Sprache nicht erlernt hatte, sondern daß er, dank seiner Kenntnis des Lateinischen, sich mit der rumänisch sprechenden Bevölkerung verständigen konnte.

51 M. Opitz, Opera . . ., T. I, S. 102.

52 Martinii Opitii Zlatna, Oder von Rhue des Gemütes. (Zu Ende:) In der Fürstlichen Liegnitzschen Druckerey, durch Sebastian Koch (1623).

53 Mit Zamoscius polemisierend, schreibt Opitz: „Denn Zlato das heisst Gold auff Windisch . . . Dies ist von hiesigen Orten Namen meine Meinung. Wiewohl Johannes Zamoscius darvor gehalten, Salatna sey so genannt worden: quasi Salatina . . ." Der Dichter identifiziert irrtümlicherweise Zamosius mit dem berühmten polnischen Kanzler und Heerführer Johannes Zamojski. In Wirklichkeit handelte es sich um Stefan Zamosius, einen Ungarn aus Siebenbürgen, der ein Werk verfaßte unter dem Titel: Analecta lapidorum vetustrorum et nonnullarum in Dacia antiquitatum, Kovachocium, 1598. Siehe auch: Ackner-Müller, Die römischen Inschriften in Dacien. Wien 1865.

54 M. Opitz, Teutsche Poemata. Ausgabe G. Witkowski. Halle (Saale) 1902, S. 228, 229.

55 M. Opitz, Opera . . ., T. II, S. 345.

56 M. Opitz, Teutsche Poemata . . ., S. 236.

57 Ebenda, S. 240.

58 M. Opitz, Opera . . ., T. II, S. 345.

59 Dieses Dokument veröffentlichte Robert Gragger in seinem Aufsatz „Martin Opitz und Siebenbürgen“, in: Ungarische Jahrbücher, 6 (1927), S. 314.

60 Die erste Ausgabe erschien im Jahre 1609, die zweite 1616, die dritte 1626.

61 A. Reifferscheid, Quellen . . ., S. 806. Siehe auch W. Gose, Dacia Antiqua, ein verschollenes Hauptwerk von Martin Opitz, Süddeutsches Archiv I (1959), 2 Halbbd., S. 127–144.

62 K. K. Klein, Beziehungen . . ., S. 19.

63 M. Opitz, Opera . . ., T. II, S. 46, 47.

64 A. Reifferscheid, Quellen . . ., S. 149.

65 M. Opitz, Opera . . ., T. II, S. 328.

66 A. Herrmann, Opitz . . ., S. 11.

67 M. Opitz, Opera . . ., T. II, S. 205.

68 Ebenda, S. 46.

69 Ebenda, T. III, S. 201.

70 Martini Opitii Acht Bücher Deutscher Poematum durch Ihn selber herausgegeben, auch also vermehret vnnd vbersehen, . . . Breslau 1625. Brief M. Bartsch an M. Opitz aus dem Jahre 1924.

71 M. Opitz, Teutsche Poemata. Ausgabe G. Witkowski . . ., S. 222.

72 Martini Opitii Lob des Feldtlebens. (Breslau 1623)

73 Martini Opitii Lobgesang vber den Freuwdenreichen Geburtstag Vnseres HErrn vnd Heilandes JEsu Christi. Gedruckt in der Fürstlichen Druckerey zur Liegnitz, durch Sebastianum Koch. Die Widmung an Bernhard Wilhelm Nüßler datiert: Lignicii, Propr. Cal. Januarias, Anni M. DC. XXIV.

74 Illvstris domini Seyfridi Promnicii Baronis Plessensis . . . Vita. Scriptore Martino Opitio. Bregae Ex Officinâ Typographica Augustini Grunderi. M. DCXXIV.

75 Ebenda; die Widmung an Johann Ulrich von Schaffgotsch datiert: Ex thermis tuis, secessum Musarum gratissimo, Kalendis Juliis, Anni M. DC. XXIV.

Poetik und Gedichte

1 M. Opitz, Teutsche Poemata. Ausgabe G. Witkowski . . ., S. IV.

2 Am 3. Mai 1623 verspricht Gruter, die Bitte Zincgrefs zu erfüllen und ihm einige Gedichte für die Sammlung zu senden (A. Reifferscheid, Quellen . . ., S. 151, 159). Bernegger benachrichtigt am 24. Juni 1623 Zincgref, daß er von Habrecht die deutschen Gedichte Georg Rudolf Weckherlins erhielt. Er berichtet auch, daß die nach Straßburg gekommenen Schlesier Gedichte mitbrachten, vermutlich von Kirchner, die nach den neuen Regeln geschrieben sind. Bernegger will sie Zincgref verschaffen. (A. Reifferscheid, Quellen . . ., S. 168)

3 A. Reifferscheid, Quellen . . ., S. 175.

4 Ebenda, S. 189.

5 Martini Opicii Teutsche Pöemata vnd Aristarchvs vieder die verachtung Teutscher Sprach, Item Verteutschung Danielis Heinsij Lobgesang. Jesu Christi, vnd Hymni in Bachum Sampt einen anhang Mehr auser lessener ge-

ticht anderer Teutscher Poëten. Der gleichen in dieser Sprach Hiebeuor nicht auss kommen. Strassburg In verlegung Eberhard Zetzners. Anno 1624.

6 M. Krause, Studien ..., S. 136.

7 M. Opitz, Teutsche Poemata. Ausgabe G. Witkowski ..., S. 8, 9.

8 Universitätsbibliothek Wrocław, Sign. 4 E 513.

9 Am 5. Oktober 1624 schreibt Opitz an Buchner: „... Porro quia germanicorum poëmatum editionem innotuisse tibi video, scito eam a manu Zingreiffi esse qui libello quem ante aliquot annos Heidelbergae concinnaveram plurima sine discrimine adjecit quod indigna luce publica et mendis plena, cum ab admorum puero conscripta fuissent, merito exposueram. Itaque etiam atque etiam peto, ne ex nugis istis conjecturam de reliquis rebus meis facias; sed donec brevi emendatiora et auctiora prodeant, inque amicum qui nullo quidem malo animo, intempestive tamen meque inscio, ista prodire passus est culpam omnem rejicias ..." (L. Geiger, Mitteilungen aus Handschriften. Leipzig 1876)

10 Der Brief Opitz' an Zincgref wurde am 6. Oktober 1624 aus „Legnicii e museo meo" geschrieben. (A. Reifferscheid, Quellen ..., S. 198)

11 Martini Opitii Buch von der Deutschen Poeterey. Jn welchem alle jhre eigenschafft vnd zuegehör gründtlich erzehlet, vnd mit exempeln außgeführet wird. Gedruckt in der Fürstlichen Stadt Brieg, bey Augustino Gründern. Jn Verlegung David Müllers Buchhändlers in Breßlaw. 1624. – Mit Opitz' Poetik befaßten sich u. a.: K. Borinski, Die Kunstlehre der Renaissance in Opitz' Buch von der deutschen Poeterey. (Diss.) München 1883. O. Fritsch, M. Opitzens Buch von der deutschen Poeterey, ein kritischer Versuch. (Diss.) Halle 1884. K. Borinski, Die Poetik der Renaissance und die Anfänge der literarischen Kritik in Deutschland. Berlin 1886. W. Bergehoeffer, Martin Opitz' Buch von der deutschen Poeterey. (Diss.) Frankfurt a./M. 1888. G. Witkowski, M. Opitzens Aristarchus ... und Buch von der deutschen Poeterey. Leipzig 1888. Siehe auch Ch. Wagenknecht, Weckherlin und Opitz. Zur Metrik der dt. Renaissancepoesie. München 1971.

12 M. Opitz, Buch von der deutschen Poeterey, Abdruck der ersten Ausgabe (1624). Dritter Druck. Halle (Saale) Max Niemeyer. 1902. S. 24. Wird im folgenden als „Buch" zitiert.

13 W. Berghoeffer bringt in seiner Arbeit (siehe Anmerkung 11) eine Gegenüberstellung der Texte, die Opitz in seiner Poetik benutzte.

14 M. Opitz, Buch ..., S. 11.

15 Ebenda, S. 12.

16 Siehe Briefe Hübners an Buchner, veröffentlicht in: Epistolarum Partes tres, conjunctim editae, opera Jo. Jac. Stübelii. Francof. et Lips. 1720.

17 Diederich von dem Werder, Gottfried von Bulljon, Oder Das Erlösete Jerusalem. Erst von dem Hochberühmbten Poeten Torquato Tasso in Welscher Sprache beschrieben: Vnd nun in Deutsche Heroische Poesie Gesetzweise, als vormals mehr gesehen, überbracht. Getruckt in Franckfurt am Mayn, ... Anno M. DC. XXVI.

18 Die Episteln der Sonntage und fürnehmsten Feste des gantzen Jahres, auf die gemeinen Weisen der Psalmen gefasset von Martin Opitzen. 1624. Mit Opitz'

geistlicher Dichtung befaßt sich: H. Max, Martin Opitz als geistlicher Dichter. Heidelberg 1931. Siehe auch J. Mützel, Geistliche Lieder der evangelischen Kirche aus dem siebzehnten und der ersten Hälfte des achtzehnten Jahrhunderts, von Dichtern aus Schlesien und den umliegenden Landschaften verfaßt. Braunschweig 1858, Bd. I. Mützel erwähnt zahlreiche Gesangbücher, in denen Opitz' Lieder enthalten sind. Auf den Seiten 188–196 führt er einige Gedichte aus den „Episteln der Sonntage ..." des Schlesiers an und nennt die Gesangbücher, in die sie aufgenommen wurden.

19 H. Palm, Beiträge ..., S. 193 ff.

20 L. Geiger, Ungedruckte Briefe von Martin Opitz, in: Archiv für Literaturgeschichte, 5 (1875), S. 341. (... amicum meum amplissimum Kirchnerum quem cras cum hic legatus principum et ordinum nostrorum ad Imperatorem transibit ...)

21 Im dritten Buch der Gedichtsammlung aus dem Jahre 1625 befindet sich die lateinische Übersetzung dieses Gedichtes, die Opitz mit folgender Anmerkung versehen hat: „Amice Lector, Extemporaneum hoc carmen, cum Viennae nuper essemus, magni cujusdam in aula Viris monitis in Latium eadem facilitate et unius horae spatio transtulimus: quod, quamvis ut fit in tanta festinatione, hiulcum sit et inaecquale juventutis tamen causa adjicere libuit, ut cum suis etiam versibus idem facere discat. Isto enim exercitii genere nihil est utilius." (M. Opitii Acht Bücher, Deutscher Poematum ... Buch III, S. 69)

22 Brief Opitz' an Buchner, in: L. Geiger, Mitteilungen ... S. 51, 52. Brief Opitz' an Venator, in: A. Reifferscheid, Quellen ..., S. 218, 219.

23 A. Reifferscheid, Quellen ..., S. 203.

24 L. Geiger, Mitteilungen ..., S. 51, 52.

25 L. Geiger, Ungedruckte Briefe ..., S. 343.

26 A. Reifferscheid, Quellen ..., S. 218.

27 Es ist das Buch: Oden oder Gesänge.

28 Ein Brief Opitz' an Werder vom 30. VIII. 1626 ist uns bekannt. (L. Geiger, Mitteilungen ..., S. 37, 38.) Opitz übersendet in ihm Grüße an Hübner und empfiehlt sich dem Fürsten von Anhalt-Köthen.

29 Brief Opitz' an Venator vom 17. Februar 1626, in: A. Reifferscheid, Quellen ..., S. 244.

30 L. Geiger, Mitteilungen ..., S. 45.

31 Der Fruchtbringenden Gesellschaft Nahmen, Vorhaben, Gemählde und Wörter: Nach jedes Einnahme ordentlich in Kupfer gestochen, Und in achtzeilige Reimgesetze verfasset, Das Erste-Vierdte Hundert. Frankfurt am Mayn, Bey Mattheo Merian. M. DC. XXXXVI. – Brief abgedruckt in: Euphorion, 4 (1897), 3. Erg.-H., S. 7.

32 M. Krause, Studien ..., S. 165.

33 M. Opitz, Teutsche Poemata. Ausgabe G. Witkowski ..., S. 140.

34 Martini Opitii Acht Bücher Deutscher Poematum ..., S. 96.

35 Brief Opitz' an Buchner vom 11. Oktober 1625, in: L. Geiger, Ungedruckte Briefe ..., S. 343.

36 L. Annaei Senecae Trojanerinnen; deutsch übersetzet, vnd mit leichter Ausslegung erkleret; durch Martinum Opitium. Wittenberg, In verlegung Zacha-

riae Schürers Buchführers, Gedruckt bey Augusto Boreck, Im Jahr M. DC. XXV. Die Vorrede an August Buchner datirt: VIII. Cal. Sextil. An. M. DC. XXV.

37 Troas Tragedia z Seneki, Lukasza Gornickiego, Tykocińskiego, y Wasilkowskiego starosty. W. Krakowie, z Druk. Łaz. Roku Pańskiego 1589.

38 M. Opitz, Opera ..., T. I, S. 204, 205.

39 Die Klage-Lieder Jeremia; Poetisch gesetzt durch Martin Opitzen; sampt noch anderen seiner newen Gedichten. (Zu Ende:) Zu Görlitz im Marggrafenthumb Ober-Lausitz, druckts Johann Rhambaw, Im Jahr M. DC. XXVI. Die Widmung an den Rath zu Schweidnitz datirt: Perscripsi Boleslaviae Silesiorum. Postridie Kal. Januar. Anno M. DC. XXVI.

40 M. Opitz, Opera ..., T. III, S. 43.

41 Johann Barclayens Argenis Deutsch gemacht durch Martin Opitzen. Mit schönen Kupffer Figuren nach dem Frantzösischen Exemplar. Inn verlegung Dauid Müllers, Buchhändlers Inn Bresslaw. 1626. Der zweite Teil erschien ebenda im Jahre 1631. Mit der Übersetzung der Argenis befaßt sich Professor G. Schulz-Behrend in dem Aufsatz „Opitz' Übersetzung von Barclays Argenis", in. Publications of the Modern Language Association of America, 70 (1955), S. 455–473.

42 L'Argenis De Jean Barclay, Traduction nouvelle enrichie de figures. A Paris ... M. DC. XXIII.

43 Joannis Barclaii Argenis. Francofurti Sumptibus Danielis et Davidis Aubriorum et Clementis Schleichij M. DC. XXIII.

44 Argenis. Politischer Roman vom Anfang des XVII. Jhs. Aus dem Lateinischen des Johann Barclay übersetzt von Dr. Gustav Waltz. München 1891.

45 Daniel Caspar von Lohenstein Grossmütiger Feldherr Armenius oder Herrmann nebst seiner Durchlauchtigsten Tussnelda in einer sinnreichen Staats- Liebes- und Helden-Geschichte in 2 Theilen vorgestellet. Leipzig 1689–90.

Im Dienste des Burggrafen von Dohna

1 Mit dem Aufenthalt Opitz' im Hause Dohnas in den Jahren 1625–1632 befaßt sich H. Palm, Beiträge ..., S. 189–214.

2 A. Reifferscheid, Quellen ..., S. 244.

3 M. Ritter, Deutsche Geschichte im Zeitalter der Gegenreformation und des Dreißigjährigen Krieges, Bd. III. S. 342.

4 Brief vom 9. Juni 1626 an A. Buchner, in: L. Geiger, Mitteilungen ..., S. 33.

5 Ebenda, S. 35–37.

6 Ebenda, S. 37–38.

7 F. Großmann, Des Grafen E. von Mansfeld letzte Taten. Breslau 1870, S. 86.

8 Opitzens Brief vom 26. November 1626 an Buchner, in: L. Geiger, Mitteilungen ..., S. 38, 39.

9 K. G. Lindner, Umständliche Nachricht ..., T. I, S. 193.

10 M. Opitz, Opera ..., T. I, S. 101, 102.

11 Salomons Des hebreischen Königes Hohes Liedt; vom Martin Opitz in deutsche Gesänge gebracht. Gedruckt zu Bresslaw, In Verlegung David Müllers Buchhändlers, im Jahr 1627.

12 M. Opitz, Opera ..., T. III, S. 6.

13 Geistlicher Dialogen Anderer Theil, darinnen Herrn Opitzens Hohes Lied Salamonis In 1. vnd 2. Vokalstimmen, 2. Violinen, einem Instrumental- vnd General-Bass componiert, von Andrea Hammerschmieden. Dressden ..., Im MDCXLV Jahre.

14 Dafne. Auff ... Herrn Georgen Landtgrafen zu Hessen ... Vnd Fräulein Sophien Eleonoren Hertzogin zu Sachsen ... Beylager: Durch Heinrich Schützen ... Musicalisch in den Schawplatz zu bringen, Auss mehrentheils eigener erfindung geschrieben von Martin Opitzen. In Verlegung David Müllers, Buchführers in Bresslaw.

15 J. Krebs, Archivalische Funde zur Geschichte des Dreißigjährigen Krieges, in: Zeitschrift des Vereins für Geschichte und Altertum, 29, (1895), S. 286.

16 Ebenda, S. 286.

17 Brief C. Senftlebens an M. Bernegger vom 7. Juni 1627 und Brief Opitzens an D. Czepko vom 1. Juni 1627, in: A. Reifferscheid, Quellen ..., S. 304, 305.

18 J. Krebs, Archivalische Funde ..., S. 287.

19 Ad Illustriss. Dnm. Dnm. Carolum Annibalem, Burggravium et Comitem Dohnae ... Carmen Panegyricum Martinus Opitius Maecenati Optimo et Patrono bené merenti post Legationem Borussiacam ex voto Dicat Dedicatque Wratislaviae, Typis Georgii Bavmanni, 1627.

20 M. Opitz, Opera ..., T. II, S. 17.

21 Ebenda, S. 20.

22 Ebenda, S. 21.

23 Über die Reise nach Polen spricht der Dichter in folgenden Briefen: an Gruter vom 30. IX. 1627, an Venator und Buchner vom 1. X. 1627. Alle genannten Briefe wurden aus Neiße geschrieben.

24 Boberfeld nannte man einen am Boberfluß gelegenen Landstreifen bei Bunzlau.

25 Den Adelsbrief hat H. Palm abgedruckt in: Beiträge ..., S. 220–222.

26 ... Jonas Melideus et Anna Coschwizia Aeterni Amoris foedus connubiale pangunt Strigaviae Proprid. Cal. Dec. A. C. MDCXXVII. Foventes applaudunt. LignicI typis Ducalibus. Enthält Opitzens Gedicht „Jure quidem versus, vatum doctissime, nostros“, unterschrieben Mart. Opitius Lignitii in transitu perscripsi XVII Cal. Decembr.

27 A. Reifferscheid, Quellen ..., S. 321.

28 Lavdes Martis. Martini Opitii Poëma germanicum. Ad Illustriss. Dn. Dn. Carolum Annibalem, Burggravium Dohnensem. (Zu Ende:) Gedruckt zum Brieg, In verlegung David Müllers Buchhändlers in Bresslaw, im Jahr 1628.

29 M. Opitz, Opera ..., T. I, S. 99.

30 Ebenda, S. 104.

31 Ebenda, S. 105.

32 Daniel Czepko, Weltliche Dichtungen, herausgegeben durch W. Milch. Breslau 1932, S. 107.

33 L. Geiger, Mitteilungen ..., S. 3.

34 Martin Opitzen Jonas. (Zu Ende:) Gedruckt zum Brieg, In verlegung David Müllers Buchhändlers in Bresslaw, im Jhar 1628. Die Widmung datiert: Bresslaw den 3. Hewmonats tag des 1628 Jhares.

35 Serenissimo duci Lignicensi principi optimo, ad Aquas Silesiacas iturienti: Mart. Opitius, Celsitud. Ejus ab officiis aulae, incolumitatem et vigorem corporis precatur. Gedruckt im Jahr 1628.

36 Die Episteln der Sontage vnd fürnemsten Feste des gantzen Jahrs, Auf die Weisen der Frantzösischen Psalmen in Lieder gefasset, von Martin Opitzen ..., Leipzig ..., 1628. Die Episteln sind dem Herzog Georg Rudolf von Liegnitz gewidmet.

37 C. Grünhagen, Geschichte Schlesiens. Gotha 1886, Bd. II, S. 224.

38 Brief Opitzens an Buchner vom 31. März 1629, in: L. Geiger, Ungedruckte Briefe ..., S. 350.

39 Der Vater des Dichters hielt sich damals in Lissa auf, H. Palm, Beiträge ..., S. 220.

40 Die Abschrift des Schreibens befindet sich in der Universitätsbibliothek zu Wrocław, Hs. R 2306.

41 Opitzens Brief an Coler vom 17. XI. 1628, in: A. Reifferscheid, Quellen ..., S. 341.

42 Becanus redivivus, das ist, dess ... Herrn Martini Becani ... Handbuch: Aller dieser Zeit in der Religion Streitsachen in 5 Bücher abgetheilt: Jetzo der gantzen Christenheit zum besten, vornemblich aber zu Bekehrung der Irrenten, in die Teutsche Sprach gebracht ... Bey Johan Theobald Schönwettern von Maintz, Buchhändlern, zu Frankfurt zu finden. Im Jahr 1631.

43 Opitz' Briefe an Buchner vom 22. V. 1629 und 29. VI. 1629, in: L. Geiger, Ungedruckte Briefe ..., S. 351, 353.
Opitz' Brief an Lingelsheim, in: A. Reifferscheid, Quellen ..., S. 372.

44 Das deutsche Epigramm beginnt mit den Worten: „Die stets alleine schlieff, die züchtig alte Magdt ..." Universitätsbibliothek zu Wrocław Hs. R 2306. Auch A. Reifferscheidt, Quellen ..., S. 904 f.

45 Siehe Anmerkung 42.

46 H. Palm, Beiträge ..., S. 212–214.

47 In seinem Briefe an Buchner vom 29. Juni 1629 schreibt Opitz, daß er auf Befehl seines Gönners sich in die polnische Stadt Kalisch begibt und beabsichtigt, ungefähr in sechs Tagen zurückzukehren. (L. Geiger, Ungedruckte Briefe ..., S. 351) – Dionysii Catonis disticha de moribvs ad filium. Ex mente Jos. Scaligeri potissimum et Casp. Barthii germanice expressa à Martino Opitio. Cum ejusdem excerptis ac notis brevioribus. Vratislaviae, Typis Baumannianis, Impensis Davidis Mulleri. Die Widmung ist an die beiden Söhne des Burggrafen, Maximilian Ernst und Otto Abraham, gerichtet. Sie ist datiert: Vratislaviae a. d. XVI. Calend. Quinctil. MDCXXVIIII.

48 Martin Opitzen Vielgvet. (Zu Ende:) Gedruckt zum Brieg, durch Augustinum Gründern. In Verlegung David Müllers Buchhändlers in Bresslaw. 1629.

49 M. Opitz, Opera ..., T. I, S. 54.

50 Ebenda, S. 55.

51 Ebenda, S. 55, 56.

52 M. Opitz, Opera . . ., T. I, S. 65.

53 Daniel Czepko, Weltliche Dichtungen . . ., S. 197, 199.

54 Von der Welt Eitelkeit. Aus dem Frantzösischen. (Zu Ende:) Gedruckt zum Briegk, durch Augustin Gründern. In Verlegung David Müllers, Buchhändlers in Bresslaw 1629.

55 Martin Opitzens Schaefferey von der Nimfen Hercinie. Gedruckt zum Brieg, In Verlegung David Müllers Buchhändlers in Bresslaw. 1630. Die Widmung an Hans Ulrich Schaffgotsch ist datiert: Glatz, zue aussgange des 1629 Jhares.

56 Auch Alfred Hübner und Hans Heckel schreiben Opitz die Übersetzung von Sidneys „Arcadia" zu. – Mit der „Schäfferey" befaßt sich Alfred Hübner in seiner Dissertation „Das erste deutsche Schäferidyll und seine Quellen". Königsberg 1910. Siehe auch Literaturverzeichnis.

57 A. Reifferscheid, Quellen . . ., S. 381.

58 M. Opitz, Opera . . ., T. II, S. 249.

59 L. Geiger, Ungedruckte Briefe . . ., S. 355–356.

60 Opitz' Brief an Sinner, in: A. Reifferscheid, Quellen . . ., S. 393.

61 Opitz' Brief an Lingelsheim, in: A. Reifferscheid, Quellen . . ., S. 398.

62 Siehe Anmerkung 57, 59, 60 und 61. – Auf persönliche Motive für den Aufbruch nach Frankreich deutet Janis L. Gellinek in ihrem Aufsatz „Liebesgedichte und Lebensgeschichte bei Martin Opitz", DVjs 42 (1968), S. 161 bis 181. Danach beziehen sich die satirischen Verse, die Witkowski auf Opitzens Heidelberger Zeit bezog, auf den Aufbruch des Dichters nach Frankreich:

De M. O. cui filius natus est spurius, si credere dignum est.

Bisher hat er geklagt, wie ihn die Liebe brenne,
Vnd Flavia gleichwol sein fewer nicht erkenne.
Jetzt zeucht er frey hinweg auss seinem Vatterland,
Er hat für seine lieb' ein gnugsam Vnderpfand.

Cur abeat in Galliam.

Warumb, Herr Opitz, wollt ihr ietzt von hinnen ziehen,
Vnd von der Flavia, die euch nicht flohe, fliehen:
Es ist in Teutschenland nichts das Euch beissen kan,
Was Euch von hinnen treibt, das hat noch keinen Zahn.

Caspar Barth, ein Freund von Opitz, versah das sich in seinem Besitz befindende Exemplar Opitzscher Gedichte aus dem Jahre 1625 mit Randglossen, die über die Umstände, in denen die einzelnen Gedichte entstanden, über ihre Vorbilder und Analogien Aufschluß geben. Am Schluß des fünften Buches *Amatoria* schrieb er Verse, die Licht werfen auf das Ergebnis des Liebesabenteuers mit Flavia. (A. K.[ippenberg] und G. W.[itkowski], Aber Martin Opitz! Ein schlimmes Fündlein zur Generalversammlung der Gesellschaft der Bibliophilen, am 3. Dezember 1911).

63 K. G. Lindner, Umständliche Nachricht . . ., T. I, S. 206, 207.

64 Ebenda, S. 215.

65 Opitz' Brief an Dohna wurde aus Straßburg am 9. September 1630 geschrieben. (A. Reifferscheid, Quellen . . ., S. 417.)

66 Hugo Grotius unterhielt lebhafte Beziehungen zu Polen. S. Kot berichtet darüber in seinem Aufsatz „Hugo Grotius und Polen", Kraków 1926.

67 Über die Absicht einer Herausgabe des „Syllabus“ erfahren wir aus einem Brief Grotius’ an Lingelsheim vom 9. V. 1627: „... Si putes Argentorati edi posse, mittetur eo exemplum. Si ibi non potest, forte tuo iudicio typographum reperimus Francfurti ...“

68 Syllabus aliquot synodorum et colloquiorum, quae auctoritate et mandato Caesarum et Regum, super negotio Religionis, ad controversias conciliandas, iudicta sunt; Doctorum item aliquot a piorum virorum utriusque Religionis, tam Catholicae Romanae, quam Protestantium, libri et epistolae, vel ex iis excerpta: ... (1628)

69 A. Reifferscheid, Quellen ..., S. 846.

70 Ebenda, S. 824.

71 Ebenda, S. 337, 358. Auch in den Briefen von Johann von Petersdorf und M. Virdung wird der „Syllabus“ erwähnt.

72 Ebenda, S. 306, 846, 907.

73 Ebenda, S. 907.

74 Die Meinung der Bücher Hugonis Grotii Von der Wahrheit der Christlichen Religion. Von Ihm Selbst Auss dem Holländischen inn Latein, Vnd Auss Diesem in das Deutsche gezogen durch Christoph. Colerum. In Verlegung David Müllers 1631.

75 G. Witkowski, Brief von Opitz und Moscherosch, in: Zeitschrift für deutsche Philologie, 21 (1889), S. 19.
Max Hippe, Christoph Köler, ein schlesischer Dichter des siebzehnten Jahrhunderts. Breslau 1902, S. 28.

76 Den Großteil der Briefe bei G. Witkowski, Briefe ..., und A. Reifferscheid, Quellen ...

77 A. Reifferscheid, Quellen ..., S. 472, 473.

78 Hugo Grotius von der Warheit der Christlichen Religion Auss Holländischer Sprache Hochdeutsch gegeben. Durch Martin Opitzen. In Verlegung David Müllers 1631 (Zu Ende:) Gedruckt in der Fürstlichen Stadt Brieg, durch Augustinum Gründern. 1631. In Verlegung David Müllers Buchhändlers in Bresslaw. Zitiert nach M. Opitz, Opera ..., T. III, S. 280.

79 M. Opitz, Opera ..., T. III, S. 281.

80 Der Argenis Anderer Theyl Verdeutscht Durch Martin Opitzen In Verlegung David Müllers Cum gratia ... Ao. 1631.

81 Martini Opitii Sylvarum Libri tres: Epigrammatum unus.
Ex Museio Bernhardi Gvilielmi Nüßleri. Francofurti ad Maenum 1631. Sumptibus Dav. Mülleri, Bibliopolae Vratislaviensis.

82 Martini Opitii Boleslaviensis Silesij Poemata Latina. Universitätsbibliothek Wrocław, Hs. R 2305 b. Diese Handschrift wird auch von K. G. Lindner erwähnt, Umständliche Nachricht ..., T. II, S. 327, 328. Seit einigen Jahren ist die Hs. verloren.

83 Die Süssen Todesgedanken Auss dem Frantzösischen des von Serre, Teutsch gegeben durch B. M. V. O. In Verlegung David Müllers 1632. (Zu Ende:)

84 H. Palm, Beiträge ..., S. 209, 210.
Leipzig, Gedruckt bey Abraham Lambergs seligen nachgelassenen Erben. Im Jahr M. DC. XXXII.

85 J. G. Worbs, Denkwürdigkeiten aus der Geschichte des Reichs-Burggrafen und Grafen zu Dohna ... Sagan 1800, S. 12.

86 Ebenda, S. 13.

87 Ochsen-Küh- und Kälber-Gespräch. Über den allzu langsamen und unfrühe zeitigen Ableiben des Küh Melckers und Kälber Verstossers Carl Annibal von Dohna. Und wie ihme die groben Ochsen' albern Küh, und tummen Kälber die Leichbegegnis zu Ochsenfurt bey S. Schleppenzehl gehalten. Alle mit kälberischen Ceremonien und groben Soleniteten den aller ersten Tag des Närrischen Aprillen dieses verirreten und verwirreten drey und dreysigsten, aller nechst angrentzenden Schalkjahres.

Im protestantischen Lager

1 H. H. Borcherdt, Andreas Tscherning. München 1912, S. 147.

1a Die Episteln der Sonntage vnd fürnemsten Feste des gantzen Jahrs, Auf die Weisen der Frantzösischen Psalmen in Lieder gefasset, von Martin Opitzen ... Leipzig 1628.

2 Serenissimo duci Lignicensi principi optimo, ad Aquas Silesiacas iturienti: Mart. Opitius, Celsitud. Ejus ab officiis aulae, incolumitatem et vigorem corporis precatur. Gedruckt im Jahr 1628. Enthält das Gedicht „O du Quelle der Heylsamkeit".

3 Super Illustrissimae ducis Olsnensis, Matris Patriae, Et Pientissimae Principis, Obitu Martini Opitii Carmen.

4 Martin Opitz vber den CIIII. Psalm. Gedruckt zum Brieg, durch Augustinum Gründern. 1630.

5 Dan. Heinsii Lobgesang Jesv Christi deß einigen vndt ewigen Sohnes Gottes, Mitt notwendiger außlegung, darinnen der grundt des alten Christlichen glaubens verfasset ist. Hochdeutsch gegeben Durch Mart. Opitivm. (Zu Ende:) Gedruckt zum Brieg, durch Augustinum Gründern. In Verlegung David Müllers Buchhändlers in Bresslaw. 1633. Die Widmung datiert: Bresslaw, zum aussgange des 1632 Jhares.

6 Martini Opitii Vesvvivs. Poëma Germanicum. (Zu Ende:) Gedruckt zum Brieg, durch Augustinum Gründern. In Verlegung David Müllers Buchhendlers in Bresslaw, 1633.

7 Martini Opitii Carmen an Ihre Fürstl. Gnd. zu Brieg, als er wegen der dedikation des Vesuvii 50 Ducaten empfangen, Ao 1633. „Wer will denn über not der armen Musen klagen".

8 H. Palm, Beiträge ..., S. 224.

9 C. Grünhagen, Geschichte Schlesiens. Gotha 1886. Bd. II, S. 248, 249.

10 Handschriftliche Abschrift eines Briefes Johann Christians an Georg Rudolf ist in H. Palms Buch „Martin Opitz von Boberfeld. Zwei Beiträge zur Lebensgeschichte des Dichters", Breslau 1862, enthalten. Universitätsbibliothek Wrocław, Sign. 8F2395g.

11 Magnorum ... Virorum Epistolae Ad Martinum Opitium, ex Museio Jaskiano. Dantisci 1670, S. 130.

12 Cl. Viri Augusti Buchneri Epistolarum Partes Tres... opera M. Joh. Jacobi Stübelii. Francof. et Lipsiae 1707, T. II, S. 714.

13 An den Durchlauchten ... Herren Vldrichen, Postulirten Administratorn deß Stiffts Schwerin, Erben zue Norwegen ... Martin Opitzen von Boberfeldt Lobgetichte. (Zu Ende:) Gedruckt zum Briegk, bey Augustino Gründern, 1633.

14 Trost-Getichte In Widerwertigkeit Deß Krieges, In vier Bücher abgetheilt, Vnd vor etzlichen Jahren von einem bekandten Poeten anderwerts geschrieben... Leipzig... Anno MDCXXXIII. Widmung: Serenissimo principi Vlderico, Potentissimi Daniae Regis Filio ..., E Museo, IX. Kal. Septembres.

15 Opitz brachte den Brief gemeinsam mit dem auf den Tod des dänischen Prinzen geschriebenen Gedicht zum Abdruck.

16 Brief Nüßlers an Buchner in Cl. Viri Augusti Buchneri Epistolarum ..., T. II, S. 714. – Lavdatio fvnebris memoriae ac honori ... Vlderici, potentiss. Dan. regis F... dicta a Martino Opitio. Francof. Ad Moen. apvd Mat. Merianvm M. D. C. XXXIII. Die Widmung an den dänischen König Christian IV. datiert: Anno M. D. C. XXXIII. Kal. Octobr. – Zweite Ausgabe: Hafniae, ad exemplar Francofurti editum. MDCXXXIV.

17 Brief Nüßlers an Buchner vom 1. IX. 1633 ... Buchneri Epistolarum ...

18 Brief Buchners an Nüßler vom 18. IX. 1633 ..., Buchneri Epistolarum ... Buchner erwähnt diesen Brief auch in einem Schreiben an Opitz. Magnorum Virorum Epistolae ..., S. 138.

19 Lingelsheim berichtet darüber in einem Brief an Bernegger vom 25. IX. 1633. A. Reifferscheid, Quellen ..., S. 521.

20 Über den angekündigten Besuch Opitzens ebenda.

21 A. Reifferscheid, Quellen ..., S. 663, 664.

22 Die Informationen über Opitzens Reise von Frankfurt nach Polen stammen aus seinen politischen Berichten, die er an den Rat des Liegnitzer Fürsten David von Schweintz schrieb, der damals mit den Piastenfürsten in Thorn weilte. Sie wurden veröffentlicht durch H. Palm, Beiträge ..., S. 244–250, und A. Reifferscheid, Quellen ..., S. 665–669.

23 Am 13. Februar 1634 berichtet darüber aus Thorn Johann Christian an die schlesische Delegation, die sich noch in Berlin aufgehalten hatte. H. Palm, Beiträge ..., S. 227.

24 Brief Opitzens an Herzog Johann Christian vom 3. 3. 1634. H. Palm, Beiträge ..., S. 251.

25 H. Palm, Beiträge ..., S. 229.

26 Siehe Literaturverzeichnis.

27 Vidi Fabri Pibracii in supremo senatu Parisiensi praesidis olim tetrasticha Gallica, Germanicis versibus expressa, auctore Martino Opitio. Dantisci, Typis Hünefeldianis Anno M. DC. XXXIV. Die Widmung ist datiert: Thorunii Borussorum, VII Calend. April. Anno M. DC. XXXIV.

28 Zehen Psalmen Davids Aus dem eigentlichen Verstande der Schrifft, auff anderer Psalmen vnd Gesänge gewöhnliche Weisen gesetzt von Martin Opitzen. Leipzig, In Verlegung David Müllers Buchhändlers in Bresslaw, Im Jahr 1634. (Zu Ende:) ... Gedruckt beiy Henning Kölern: Im Jahr 1634.

29 Martini Opitii von Boberfelt Prosodia germanica Oder Gantz new corrigirtes vnd verbessertes Buch von der Teutschen Poeterey, In welchem all ihre Eigenschaft vnd Zugehör gründlich erzehlet vnd mit vielfeltigen Exempeln weder in voriger Edition zufinden, aussgeführt werden. Franckfurt, bey David Müllern Buchhändlern in Bresslaw 1634.
Prosodia Germanica ..., Gedruckt zu Wittenberg ..., Anno 1634.
30 H. Palm, Beiträge ..., S. 230, 231.
31 A. Oxenstiernas skrifter och brefvexling, Stockholm, Serie II, Bd. 6, S. 118.
32 Ebenda, S. 119.
33 H. Palm, Beiträge ..., S. 253.
34 A. Weiss, Chronik der Stadt Breslau. Breslau 1888, S. 955, 957.
35 A. Reifferscheid, Quellen ..., S. 674.
36 H. Palm, Beiträge ..., S. 233.
37 A. Oxenstiernas skrifter och brefvexling ... Serie II, Bd. 6, S. 162.
38 Martin Opitzen Judith. Zu Bresslaw druckts vnd vorlegts Georg Baumann, 1635.
39 A. Mayer, Judith, in: Euphorion, 20 (1913), S. 39–53.
40 M. Opitz, Opera ..., T. III, S. 67.
41 Ebenda.
42 P. Epstein, Apelles v. Löwenstern. Breslau 1929.
43 M. Hippe, Aus dem Tagebuch eines Breslauer Schulmanns im 17. Jh., in: Zeitschrift d. Vereins für Geschichte u. Altertum Schlesiens, Bd. 36.
44 Sechs Psalmen Auff anderer Psalmen gewöhnliche Weisen gesetzt. Von Martin Opitzen. Die Widmung datiert: Bresslaw, den 24. Mayientag dess 1635.
45 L. Geiger, Mitteilungen ..., S. 69, 70.
46 H. Palm, Beiträge ..., S. 186.

Opitz in Polen

1 Universitätsbibliothek Wrocław, Hs. R 2306.
2 L. Geiger, Mitteilungen ..., S. 65.
3 J. Krebs, Archivalische Funde ..., S. 286.
4 (Tagebücher Albrycht Stanislaus Fürsten Radziwiłł ... nach der Handschrift herausgegeben durch Edward Raczyński, S. 290.) Pamiętniki Albrychta Stanisława X. Radziwiłła ... wydanie z rękopisu przez Edwarda Raczyńskiego, Poznań 1839, S. 290.
5 Eine Charakteristik Wladislaws schrieb W. Czapliński, Roczniki Historyczne, 17 (1948), S. 126–142.
6 M. Opitz, Opera ..., T. II, S. 79.
7 Ebenda, T. I, S. 1.
8 Ebenda, S. 6.
9 Ebenda, S. 6.
10 Ebenda, S. 7.
11 Herrn von Hoffmannswaldau und anderer Deutschen auserlesene und bisher ungedruckte Gedichte nebst einer Vorrede von der deutschen Poesie. Leipzig 1695.

12 M. Krause, Studien ..., S. 175.
13 Lobgeticht an die Königliche Majestät zu Polen vnd Schweden: Geschrieben von Martino Opitio. Thorn, Gedruckt durch Franciscum Schnellboltz, Im Jahr 1636. – Lob-Getichte ... Gedruckt zur Polnischen Lissaw, durch Wigandum Funck Im Jahr 1636. – Lobgedicht ... Dantzigk, Gedruckt durch Andream Hünefeld, Im Jahr, 1636.
14 Brief Nüßlers an Buchner, geschrieben aus Brieg am 21. Juni 1635. Augusti Buchneri Epistolarum ...
15 In Danzig weilte der König vom 19. Januar bis zum 9. Februar 1636. Pamiętniki Albrychta Stanisława X Radziwiłła ..., S. 290, 294.
16 D. E. Schnaase, Geschichte der evangelischen Kirche Danzigs aktenmäßig dargestellt. Danzig 1863, S. 580.
17 Der Griechischen Tragödienschreibers Sophoclis Antigone. Deutsch gegeben Durch Martin Opitzen. Danzig, Gedruckt durch Andream Hünefeldt Buchhändler. Im Jahr 1636. Die Widmung datiert: Thorunii, Idibus Martiis, Anni M. DC. XXXVI.
18 R. Alewyn, Vorbarocker Klassizismus und griechische Tragödie. Analyse der Antigone. Übersetzung des Martin Opitz, in: Neue Heidelberger Jahrbücher. (1926), S. 3–63.
19 Die Ausgabe des „Hohenliedes" aus dem Jahre 1627 war Horatius Fornus gewidmet. Die nächste Ausgabe, die im Jahre 1638 in der gesammelten Ausgabe der Gedichte von Opitz erschien, war der schlesischen Fürstin Sybilla Margareta gewidmet. Sybilla Margareta war die Tochter des Herzogs Johann Christian. Sie weilte zusammen mit ihrem Vater in Polen und heiratete Gerhard Dönhoff (23. 9. 1637). Die an sie gerichtete Widmung trägt das Datum des 6. Dezember 1637.
20 M. Opitz, Opera ..., T. III, S. 4.
21 Generosissimo Viro Eliae Ab Arcischov Arciszewsky ... Amorum et conjugii caussa in Holsatium eunti Martinus Opitius. Thoruni, Apud Franciscum Schnellboltz, 1636. Enthält ein kurzes lateinisches Gedicht datiert: Thorunii Prid. Non. Apr. Ann. MDCXXXVI und ein deutsches Gedicht „Es ist genug, o Held, es ist genug gekrieget".
22 Martin Opitz auff Herrn David Müllers seligen Abschiedt: so geschehen den 14. Merzens-Tag dess 1636. Jahres. Thorn, Gedruckt durch Frantz Schnellboltz. Zitiert nach M. Opitz, Opera ..., T. II, S. 136, 137.
23 S. P. Kaczorowski, Dziesięć listów Anny Wazówny, Reformacja w Polsce, Jg. II. Warszawa 1922, S. 296–305. (S. P. Kaczorowski, Zehn Briefe der Anna Wasa, Die Reformation in Polen, Jg. II. Warschau 1922, S. 296–305) M. Dubiecki, Dwie przedstawicielki dawnych dynastyj. Zarys historyczny. Przegląd Powszechny. Kraków 1896, Bd. 50, Heft 148 u. 149, S. 38–50, und S. 186–206. (M. Dubiecki, Zwei Vertreterinnen früherer Dynastien. Historische Skizze.)
24 Pamiętniki, Albrychta Stanisława X. Radziwiłła ..., S. 320.
25 Brief Nüßlers an Buchner vom 21. 6. 1636. Augusti Buchneri Epistolarum ...
26 S. P. Kaczorowski, Dziesięć listów ..., S. 300.
27 Panegyricus serenissimae Suecorum, Gothorum ac Vandalorum Principis Annae, Heroinae Praestantissimae, Honori Piaeque Memoriae consecratus

A Martino Opitio, Thorvnii, Ex Officina Schnellboltziana, Ann. M. DC. XXXVI. Widmung an Wladislaw IV. Am Ende lesen wir: Deo Opt. Max. et memoriae aeternae serenissimae principi Annae, Gustavi I. Nepti ... VIII. Id. Febr. Anno Sal. M. DC. XXXVI-Aetat. LVII. Brodnicii humanis rebus exemptae, Vladislau IV. Poloniae Suecorumque Rex ... Opera studioque Altissimi Principis Christophori D. Radzivilii palatini Vilensis. Fieri Fecit.

28 Laudatio funebris illustrissimi domini Fabiani lib. baronis a Cema. auctore Martino Opitio. Thorunii, ex Officina Schnellboltziana an. M. DC. XXXVI. Die Rede ist Sigismund Güldenstern gewidmet.

29 Das Gedicht erschien in den Ausgaben der Gesammelten Werke Opitzens mit dem Titel Auff der Hochwohlgeborenen, Herrn Sigismund Freyherrn von Güldenstern, auff Fogelvick unnd Lündelholm, Und Fräulein Anna gebohrner Freyhinn von Cema Beylager.

30 A. Comenius, Spiegel Gutter Obrigkeit. Lissa 1636.

31 J. Łukaszewicz, O kościołach braci czeskich (Über die Kirchen der Böhmischen Brüder). Poznań 1835, S. 306.

32 W. Bickerich, Raphael V. Leszczyński, Aus Lissas Vergangenheit, Heft I. S. 4. Titel der Rede Opitzens: Panegyricus inscriptus honori et memoria Raphaelis Comitis Lesnensis ... In quo vita ejus praecipue ad fidem historicam summatim refertur. Auctore Martino Opitio. Thorunii, Ex Officina Schnellboltziana A. M. DC. XXXVI.

33 Ebenda, S. 8.

34 Brief Opitzens an Cunrad vom 22. August 1636. H. Palm, Beiträge ..., S. 254.

35 L. Geiger, Mitteilungen ..., S. 66. Zu dieser Zeit weilte der König in Litauen.

36 Ebenda.

37 Augusti Buchneri Epistolarum ...

38 H. Palm, Beiträge ..., S. 254.

39 K. G. Lindner, Umständliche Nachricht ..., T. II, S. 218.

40 G. Krause, Der Fruchtbringenden Gesellschaft ältester Erzschrein. Leipzig 1855, S. 138. Eine Dokumentation über die „Agententätigkeit" des Nigrinus und Opitz brachte L. Forster, Briefwechsel zwischen Opitz und Weckherlin, in: Euphorion, 47, S. 405–411.

41 Staatliches Archivum zu Danzig. Sign. 300, 29, 119: (Im Jahre 1637, nach dem 20. November) „Recessus particularis eorum quae ab infelicii novi telonei maritimi introductione in Senatu praesertim contingerint. (Notiert vom Sekretär des städtischen Tagebuches – die Zölle und das vom Stadtrat besprochene betreffend.) Verlesen vom amtierenden Bürgermeister Schröer 1) ... 2) Daß Opitius, poeta nobilis ihm 21. XI. kund getan, daß H. Dönhoff, oeconomus marienburgensis, H. Nigrino 20. XI. geschrieben, daß der Zoll in der Pillau schon seine Richtigkeit habe, 3) daß gemelter Opitius vom Wins Heim verstanden, daß der Zoll wohl könnte beigelegt werden, wenn die Stadt eine Summe Geldes I. Mtt. anpresentiere, 4) daß zu Hofe diese schreckliche Kalumnie divulgiert wurde, 5) Hatt oft genannter Opitius S. Gnaden signifiziert, daß H. Oeconomus gern sich mit selbiger besprechen wollte, es sei zu Käsemarkt oder Lublau etc. Es hat aber der H. Bürgermeister dies auf EE. Rat genommen, so geschlossen, daß solches auf Opitii Anbringen

nicht zu tun sei, weil H. Bergmann den H. Oeconomum genugsam wird informiert haben um zu vermuten, daß es expiscandi gratia angestellt sei ..."

42 G. Krause, Der Fruchtbringenden ..., S. 138.

43 K. G. Lindner, Umständliche Nachricht ..., T. I, S. 222.

44 Brief vom 10. 6. 1638, in: A. Reifferscheid, Quellen ..., S. 573.

45 Dieser Schritt Opitzens brachte nicht den Willen Wladislaw IV. zum Ausdruck. Die Werbung fand nämlich auf Befehl des Königs statt. Opitz handelte hier jedoch als Feind der Habsburger. Übrigens sympathisierte er während der ganzen Zeit seines Aufenthaltes in Polen mit dem Lager der polnischen Dissidenten.

46 A. Reifferscheid, Quellen ..., S. 582.

47 A. Oxenstiernas skrifter och brefvexling ..., Serie II, Bd. 6, S. 507: „... weil sonst Martinus Opitius von Danzig ab sehr fleissig corespondieret, so habe ich demselbenn zu anzeigung meiner danckbarkeit 200 rthlr. übermacht, und vertröstet, das, wenns ihm annehmlich bey E. Excell. ich ihn wollte, das ihme eine bestallung gemacht würde. Stelle derhalben zu E. Excell. hohen belieben, ob Sie seiner so weit geruhen wollten ... Datum Wollin am 22. Januarij 1638."

48 A. Reifferscheid, Quellen ..., S. 583.

49 Brief Opitzens an Oxenstierna vom 20. 7. 1637. A. Reifferscheid, Quellen ..., S. 562.
H. Palm, Martin Opitz als Agent schlesischer Herzoge bei den Schweden, in: Gesel. f. Vaterländische Kultur, 1861, Bd. I, T. III, S. 31.

50 L. Geiger, Mitteilungen ..., S. 67, 68.

51 Pamiętniki, A. S. X. Radziwiłła (Tagebücher des Fürsten Radziwiłł) ..., S. 344–346.

52 Felicitas augustae honoriqve nvptiar. serenissimor. principum Vladislai IV. Pol. Svec. qve regis et Caeciliae Renatae archidvcis Avstriae. D. D. Mart. Opitius. Maiest. eor. devotiss. Gedani apud A. Hünefeldium. Ein lateinisches Gedicht beginnt mit den Worten: „Regum maxime, spes decusque rerum".

53 Martini Opitii Königlich. Historiographi und Fürstl. Brieg. Rathes Glückwünschung Auff der Königl. Majestät zu Polen vnd Sweden Vladislai IV. Beylager. Aus dem Latein übersetzt durch Christoph. Colerum. Gedani apvd A. Hünefeldivm (1637).

54 Ein Gedicht zur Vermählung v. T. Clugius mit B. Wincler, 1638.

55 Gedicht zu Ehren V. Rhetius', 1638.

56 In obitum clarissimi viri et Mathematicorum nulli secundi Petri Crugeri, Dantisci apud Andr. Hünefeldium. (Todestag 6. Juni 1639)

57 Martini Opitii variarum lectionum liber. In quo praecipue Sarmatica. Dantisci Ex officina Andreae Hünefeldii. M. DC. XXXVII.

58 Ad illustrissimum Heroa Thomam Zamoscium: „Digne viro ..." Siehe auch W. Gose, Dacia ..., S. 137 ff.

59 Propemticon Illustrissimi Celsissimiqve Principis Bogvslai Radzivilii: Gedani apud Andream Hünefeldium. Anno M. DCXXXVII. Das Gedicht ist unterzeichnet: Testandae devotioni suae perscripsit Martinus Opitius.

60 L. Geiger, Mitteilungen ..., S. 68.

61 G. Krause, Der Fruchtbringenden Gesellschaft ältester Erzschrein. Leipzig 1885, S. 130.

62 Ebenda, S. 131.

63 Die Psalmen Davids Nach den Frantzösischen Weisen gesetzt. Durch Martin Opitzen. Cum gratia et privilegio S. R. M. Danzigk, Gedruckt vnd verlegt durch Andream Hünefeldt, Buchhändler, 1637.

64 Einzelne Psalmen Opitzens wurden in zahlreiche deutsche Kirchengesangbücher aufgenommen. J. Mützell, Geistliche Lieder der evangelischen Kirche aus dem siebzehnten und der ersten Hälfte des achtzehnten Jahrhunderts, von Dichtern aus Schlesien und den umliegenden Landschaften verfaßt, Bd. I. Braunschweig 1858.

65 Die Episteln der Sontage vnd fürnembsten Feste des gantzen Jahres. Auff die Weisen der Frantzösischen Psalmen in Lieder gefasset, von Martin Opitzen. Gedruckt im Jahr nach Christi Geburt M. DC. XXXVIII.

66 Arcadia der Gräfin von Pembrock: vom Herrn Philippsen von Sidney. In Englischer Sprach geschrieben, auß derselben Frantzösisch, vnd auss beyden erstlich Teutsch gegeben durch Valentinum Theocritvm von Hirschberg: Jetzo allenthalben vffs new vbersehen vnd gebessert die Gedichte aber vnd Reymen gantz anders gemacht vnd vbersetzt Von dem Edlen vnd Vesten M. O. V. B. Auch mit schönen Kupferstücken geziehret vnd verlegt von Matheo Merian. Gedruckt zu Frankfurt am Mayn, in Wolffgang Hoffmanns Buchdruckerey, im Jahr nach Christi Geburt M. DC. XXXVIII.

67 Prosodia Germanica, Oder Bvch von der Deutschen Poeterey, In welchem alle jhre Eigenschafft vnd Zugehör grüntlich erzehlet, vnd mit Exempeln aussgeführet wird. Verfertiget von Martin Opitzen. Nunmehr zum Vierdten mahl auffgeleget. Wittenberg, In verlegung Clemens Bergers S. Erben. Gedruckt bey Ambrosius Rothen S. Erben, Im Jahr 1638.

68 Martini Opitii Geistliche Poëmata, Von jhm selbst anjetzo zusammen gelesen, verbessert vnd absonderlich herauss gegeben. In Verlegung David Müllers Buchhändlers S. Erben. M. DC. XXXVIII.
Martini Opitii Weltliche Poemata. Das Erste Theil. Zum vierdten mal vermehret vnd übersehen herauss gegeben. In Verlegung David Müllers Buchhändlers Seel. Erben in Bresslaw. M. DC. XXXIX.

69 G. Krause, Der Fruchtbringenden ..., S. 131. – Mit Opitzens Übersetzungen der griechischen Epigramme befaßt sich M. Rubensohn in seiner Schrift „Griechische Epigramme und andere kleinere Dichtungen in deutschen Übersetzungen des XVI. und XVII. Jhs.“ Weimar 1897.

70 G. Krause, Der Fruchtbringenden ..., S. 137.

71 Florilegii variorvm epigrammatvm liber vnvs Mart. Opitius ex vetustis ac recentioribus Poetis congessit et versibus Germanicis reddidit. Cvm Gratia et Privilegio S. R. M. Gedani, Typis ac sumptibus Andreae Hünefeldii. Anno MDCXXXIX.

72 Florilegii variorvm epigrammatvm liber alter ..., Gedani ... MDCXXXIX.

73 M. Opitz, Opera ..., T. II, S. 457.

74 M. Opitz, Opera ..., T. II, S. 457.

75 Vgl. M. Rubensohn, Griechische Epigramme ..., S. CCXLIV, u. a.

76 H. Oesterley, Simon Dach, seine Freunde und Johann Röling. Berlin o. J. (Deutsche National-Literatur, Bd. 30) S. XIII.

77 Als Martin Opitz von Boberfeld etc. naher Königsbergk kommen, seine guten Freunde daselbst zu ersuchen, ist Ihme von Simon Dachen vnd mir diese wenige Music durch hülffe etlicher Studiosorum praesentirt worden, den 29. Tag des Hewmonats Im Jahr 1638. – Die Musik zu den Worten von Dach schrieb der berühmte Liederkomponist Heinrich Albert.

78 L. H. Fischer (Hsg.), Gedichte des Königsberger Dichterkreises aus Heinrich Alberts Arien und musikalischer Kürbishütte (1638–1650). Neudrucke, Nr. 44 bis 45, Halle 1883.

79 Ebenda, Einleitung.

80 Ad Generosum Dominum Johannem Schlichtingk De Bukovviec, Terrae VVschviensis Judicem Provincialem Regium, et c. Alexandri Filii Desideratissimi Obitum lugentem. Datum des Todes 18. V. 1639.

81 In obitum Illustr. Catharinae Koreciae, Dn. Andreae Comitis Lescinii conjugis.

82 Magnorum Virorum Epistolae ..., S. 210.
Schreiben an einem Gelehrten in Schlesien, das Leben und die Schriften Martin Opitzens betreffend (v. C. Ezechiel, Pfarrer in Peterwitz), in: Beiträge zur Critischen Historie, Bd. VII. Leipzig 1741, S. 69. Auch in der Handschrift der Universitätsbibliothek Wrocław, Hs. R. 2306.

83 Hs. R 2306.

84 Incerti poetae Rythmus de Sancto Annone. Martinus Opitius primus ex membrana veteri edidit et animadversionibus illustravit. Dantisci, Ex Officina Andr. Hünefeldii, MDCXXXIX. Cum Privilegio regis. Das Buch ist Johann Cirenberg, dem Bürgermeister von Danzig, gewidmet.

85 F. W. Ebeling, Mosaik. Kleine Schriften zur Geschichte und Literatur. Leipzig 1867, S. 113, 114.

86 Diese Information wirft ein interessantes Licht auf die Pflichten Opitzens als Königlichen Sekretär. Die im Nationalarchiv in Warschau angestellten Forschungen nach der Korrespondenz Opitzens an Wladislaw IV. und anderen Polen blieben leider erfolglos.

87 K. G. Lindner, Umständliche Nachricht ..., T. II, S. 92–96. Datum des Briefes 23. XII. 1639.

88 Magnorum ... Virorum Epistolae ..., Einleitung.

89 H. Palm, Beiträge ..., S. 242.

90 Brief Georg Preuttens an Andreas Senftleben, Danzig, den 10. Januar 1642. K. G. Lindner, Umständliche Nachricht ..., T. I, S. 73–82.

91 Famae Martini Opitii Secretarii et Historiographi Regii, Qui Anno MDCXXXIX. d. 20. Aug. Hic Gedani Mortalitatem explevit mori nesciae, Ipso exeqviali die, tertia ab obitu christiano acclamandi causa publicatum a N.R. (Nehania Reginchomo = Joh. Mochinger)

92 H. Palm, Opitiana aus dem Nachlasse von Christophorus Colerus, in: Neue Schlesische Prov. Bl. II, S. 399.

93 H. Palm, (Hsg.) Paul Flemming, Friedrich Logau und Adam Olearius, Deutsche National-Literatur, Bd. 28, S. 96.

94 G. Eitner, (Hsg.) Sinngedichte von Friedrich Logau. Leipzig 1870, S. 159.

95 Eine neue Ausgabe wurde im gleichen Jahre in Leipzig gedruckt.

96 Martin Opitzens Teutsche Gedichte, Von J. J. B(odmer) und J. J. B(reitinger) besorget. Erster Theil. Zürich, verlegts Conrad Orel und Comp. 1745. Zweite Auflage 1755.

BUCHANZEIGEN